として加わってくれたのである。

　私たちは 2010 年の 8 月にパプアニューギニア大学で，偶然再会することになった。この時に，本書を出版する計画を一緒に立てた。幸運にも，本書は国際的に活躍する研究者から多くの論文が集まった。執筆者は皆，オセアニア地域で話されている言語の研究の最前線にいる研究者たちである。編者である私たちは，それを一冊の本にまとめただけである。

　なお，序論には，今日におけるオセアニアの言語研究の全体像が述べられている。次の第 1 章には在来言語の世界，すなわち，オーストロネシア諸語とパプア諸語の研究論文が収められている。さらに第 2 章にはピジン語とクレオール語の世界，特にハワイとニューギニアのそれを扱っている。そして最後に，第 3 章を日本語の研究に当てた。ここは，ポリネシアからミクロネシアまでの地域がカバーされている。これからのオセアニア地域の言語研究が本書を通じて益々活発になることを願いたい。

　最後に，この企画に賛同してくれた，溪水社の木村逸司社長，細かい編集の作業を手伝ってくれた，西岡真奈美さんには心から感謝申し上げたい。

2013 年 9 月

岡　村　　徹

目　次

まえがき …………………………………………………………… i

序　論　　　　　　　　　アポイ・ヤラペア ……… 3

第 1 章　在来言語の世界

1 − 1　タヒチ語数詞の変遷　　塩谷　亨

1. 序論 ……………………………………………………………… 15
   1.1. ポリネシア諸語の数詞　15
   1.2. 本稿の目的　17
   1.3. 数詞の基本的用法　18
   1.4. 今回の分析に用いた言語資料　21
2. 三桁以上の数を表す数詞の用例の分析 …………………… 22
   2.1. どのような数詞語彙が用いられているか　22
   2.2. 数詞語彙をどのように組み合わせて三桁以上の数を表しているか　29
   2.3. どれだけ具体的な数が表されているか　36
   2.4. 度量句の表し方　38
3. まとめ …………………………………………………………… 40

１−２　パプア諸語の音韻とスタイル

フィリップ・タマ／ローレンス・ゲーリー
訳：永次健人／菅沼健太郎

1. 序論 …………………………………………………… 45
2. 子音群 ………………………………………………… 46
   2.1. 子音の特徴　46
   2.2. 音節構造　47
3. 母音 …………………………………………………… 48
   3.1. 母音の特徴　48
   3.2. 母音交替　49
   3.3. 母音融合　49
   3.4. 声門閉鎖音 q と母音融合　52
   3.5. 母音調和　54
   3.6. 人称によって交替する母音調和　55
   3.7. 強母音による母音調和　56
   3.8. 声門閉鎖音と母音調和　57
4. ヌブニ語のスタイル ………………………………… 58
5. 成果と議論 …………………………………………… 61
   5.1. 日常的なレジスターとその用法　61
   5.2. 簡略レジスター　63
   5.3. 親密レジスター　64

第2章　ピジンとクレオールの世界

2-1　メラネシアとハワイのピジン英語の同祖性
クレイグ・フォルカー
訳：土屋智行

1. 導入 …………………………………………… 71
2. インタビューからの再構成 ………………… 73
   2.1. 語順　74
   2.2. 名詞句　74
   2.3. 動詞句　82
   2.4. 前置詞　90
   2.5. 接続詞　93
3. 分析 …………………………………………… 94
4. 結論 …………………………………………… 97

2-2　トク・ピシンの無生物主語構文　　岡村　徹

1. 序論 …………………………………………… 100
2. トク・ピシンの無生物主語構文 …………… 102
3. ピジン語話者の直感 ………………………… 107
   3.1. 面接調査　107
   3.2. 無生物主語構文の許容度　109
4. 無生物主語構文と文体 ……………………… 117
   4.1. 新聞の政治・経済欄　118
   4.2. 物語文　119
5. 名詞句階層の制約について ………………… 121
6. 範疇詞と名詞句階層 ………………………… 124

7. 結論 ……………………………………………………… 130

第3章　日本語の世界

３−１　ハワイ日系人の日本語　　島田めぐみ

1. はじめに ………………………………………………… 137
2. 背景 ……………………………………………………… 139
3. データについて ………………………………………… 142
   3.1. 会話データ　142
   3.2. 日本語新聞のデータ　143
4. 分析結果 ………………………………………………… 145
   4.1. データの概要　145
   4.2. 各会話データの分析　147
   4.3. まとめ　163
5. おわりに ………………………………………………… 176

３−２　ヤップ及びパラオの高齢層が用いる
　　　　日本語における言語間借用　　甲斐ますみ

1. はじめに ………………………………………………… 180
2. 南洋群島の歴史と教育背景 …………………………… 181
3. 先行研究と定義 ………………………………………… 182
4. インフォーマントとデータ収集方法 ………………… 183
5. 結果 ……………………………………………………… 185
   5.1. 言語切り替えと数字　185
   5.2. 借用の品詞　195

5.3. 能動的語彙と受動的語彙　195
  5.4. 名詞の借用のタイプ　203
  5.5. 述語位置の借用　206
  5.6. 借用の統語　208
6. 語彙の習得 ………………………………………………… 213
7. まとめ …………………………………………………… 214

3-3　パラオ日本語の語用論的変異と変化　松本和子
1. はじめに ………………………………………………… 220
2. 背景 ……………………………………………………… 222
3. 調査分析方法 …………………………………………… 228
  3.1. サンプルの属性と抽出　228
  3.2. 「デショ」と「ダロ」の用法と機能　230
  3.3. データ　235
  3.4. 「デショ」と「ダロ」の定量分析に関する留意点　236
4. 分析結果 ………………………………………………… 239
  4.1. 「デショ」と「ダロ」の用法的・社会的分布　239
  4.2. 「デショ」と「ダロ」の新用法の起源と動機　248
5. むすび …………………………………………………… 255

　あとがき………………………………………………………　263
　索　　引………………………………………………………　265

オセアニアの言語的世界

序　論

アポイ・ヤラペア

　オセアニアの言語の研究は，ハワイ大学，オーストラリア国立大学，夏期言語学講座（Summer Institute of Linguistics）がよく知られている。そこにラトローブ大学，オークランド大学，南太平洋大学を加えることに誰も異論はないであろう。
　私の国には六つの大学がある。総合大学として，University of Papua New Guinea，理工系の学びに特色があり，かつて私の勤務先であった，Papua New Guinea University of Technology，教員の養成で定評のある，University of Goroka，商学に特化した，Divine Word University，農学の伝統がある，Papua New Guinea University of Natural Resources and Environment，健康科学や看護学が学べる，Pacific Adventist University がある。言語学の研究に関して言えば，最初の三つの大学が充実しているが，少しでも上記の大学の研究レベルに近づきたいと思っている。無論，私たちのやり方（メラネシア流儀）で貢献できれば良いと考える。パプアニューギニアの言語的世界は実に多様である。したがって，世界中から研究者が集まる。私たちは，国外の研

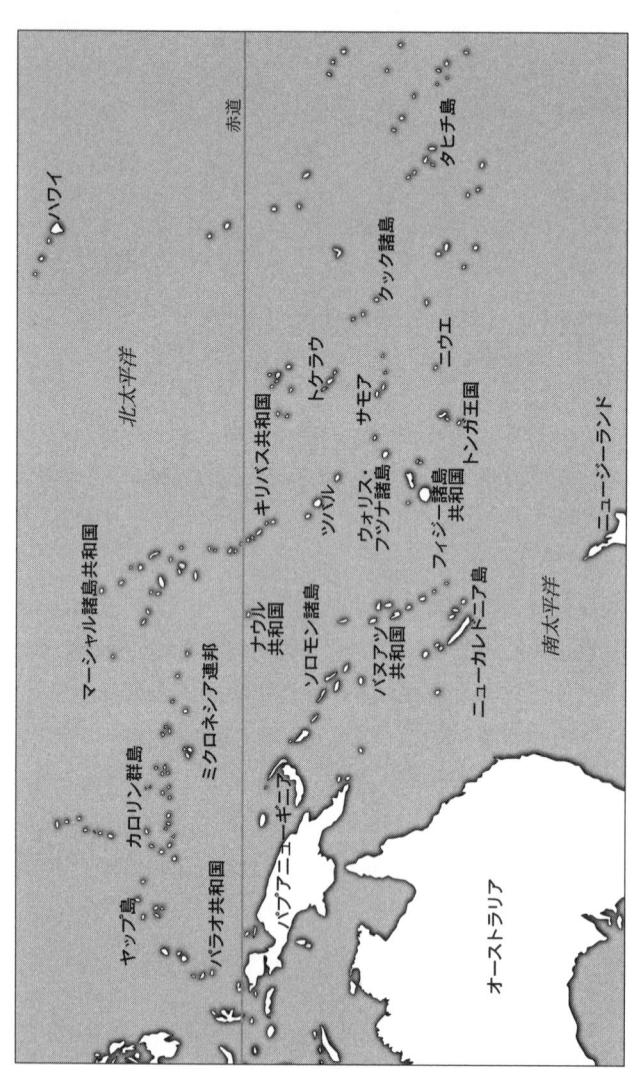

オセアニア地図

序論

究者との交流を歓迎している。互いが刺激し合って，成長できることを切に望みたい。今回，日本の研究者と一緒にオセアニア地域（地図参照）に関する書籍を出版できることは大きな喜びである。

　第1章にはオーストロネシア諸語の研究論文がある。オーストロネシア語族は，ご存知の通り，東西南北に幅広く分布している。大きく二つの語派，それぞれ東部語派と西部語派に分かれ，500以上の言語が西はマダガスカル島，東はイースター島まで広がっている。さらに北はハワイ諸島，南はマオリ族が暮らすニュージーランドまで至る。ざっと2億人以上の話者がいると推定される。ポリネシア地域は言語文化的には均質だが，メラネシア地域になると雑多になる。この章では，塩谷亨氏がタヒチ語の数詞について，最先端の研究を報告している。

　実は私の国にも沿岸部を中心に，オーストロネシア系の言語がたくさんある。今から約5千年前に，その故地の問題はともかく，ニューギニアに到達した人々である。同じオーストロネシア系の言語でも語順が異なるから驚きである。その多くはVO型語順を有するが，OV型語順の言語もある。長い歴史の中で，移住と定住を繰り返した結果なのかもしれない。

　パプアニューギニアの言語研究は，SIL（夏期言語学講座）の活躍を抜きには語れない。これはオーストロネシア諸語の研究に限ったことではないが，まだ記述が済んでいない言語の資料を収集し録音すること，音素や形態素の構造を分析すること，そして言語類型論的・比較言語学的研究などが求められている。

　SILは，在来言語の文法的な記述，翻訳（新約聖書），辞書の

5

作成に加え，識字率の向上のために，地元の協力者を得て，物語などを著し，地域社会の発展に繋がる活動を展開している点で，一般の言語学者の仕事とは異なる。ピジン語の威信が増し，若者を中心に在来言語離れが進行中の村もある状況を考えれば，SILの活動がどれほど大切なものかが理解できる。

　パプアニューギニアの場合，1950年代からSILによる記述的な研究が始まったが，オーストロネシア諸語を対象としたプロジェクトは歴史もあるし，実績もある。これはvan den Berg (2013) に詳しい報告がある。

　同じく第1章にはパプア諸語の研究論文もある。それは非オーストロネシア語とも言われる。ニューギニア島の内陸部を中心に，ニューギニアの島嶼部やインドネシアのチモール島などでざっと700以上の言語が話されている。しかしながら，これら諸言語の系統については充分にわかっていない。私の母語はトランス・ニューギニア言語門にはいるケワ語である。この言語門だけで，500を超える言語が話され少なくとも250万人以上の話者数がある。本書には，ゴロカ大学で教鞭をとるタマ氏のアレカノ語についての研究論文が含まれている。ゴロカ大学では，外国語として，英語，フランス語，日本語が教えられているが，国内の多様な言語の中からアレカノ語の授業も提供されている。多くの人の協力があって可能となったが，本書を通じて日本の読者に紹介できることは大変嬉しいことである。タマ氏はアレカノ語の音韻論，ゲーリー氏はヌブニ語の文体論の研究をしている。Foley (1986) やWurm (1982) といった偉大な言語学者に続くことを望んでいる。

ところで，パプア諸語の一つであるケワ語は，その類型論的な特徴は決して特異ではない。日本語と類似する点もある。ケワ語は Franklin（1971）によって詳しく研究された。ケワ語の母語話者によって研究されたのは，オーストラリア国立大学に提出された，私の博士論文が最初である。日本の読者のために，博士論文を短くまとめたものが，ひつじ書房より出版されているので，そちらをご覧いただきたい。

例えばケワ語の母音は 6 母音，子音は 15 子音ある。アクセントや声調の性質については，日本語と異なる。

接辞は接頭辞よりも接尾辞において生産的である。これは多くのトランス・ニューギニア言語も同様である。その他，指小辞や拡大辞の形態法がある。最大の特色は，動詞を取り巻く形態的・統語的手法が複雑であるという点である。例えば時制には，未来，現在，近過去，遠過去，単純現在（単純現在と習慣）の 5 種類を区別しなければならない。また四つの動詞まで連続させる，いわゆる動詞連続構造も可能である。

語順は SOV 型で，右枝分かれ構造をしている。Nichols（1986）の主要部標示型と従属部標示型については，どちらかの性質が強いのではなく，両方の性質をあわせもっている。分析的言語というよりは総合的言語である。格は，能格型をとる。一人称と二人称は単数，双数，複数の区別をする。また一人称複数の接尾辞には，包括／除外複数の区別がある。このように日本語と異なる点も多々ある。

第 2 章にはピジン語とクレオール語の研究論文がある。オセアニア地域もアフリカや中南米のように多種多様なピジンとク

レオールがある。記述的な研究は 1960 年以降，活発になっていった。今日まで，この分野においていくつかの重要な理論が生まれた。バイオプログラム理論はその一つであろう。その洞察のもとになったのは，ハワイと中南米のクレオールの比較によるものである。その他，言語変化および言語獲得の問題など，言語学のさまざまな分野から熱い視線を浴びている。

　私自身もニューギニアではよくピジンを使う。現在，私は日本人にピジン語を教えている。私自身，在来の言語だけではここニューギニアで生活していくことができない。同じニューギニア人同士であっても，自己を語るにはピジンが必要だ。英語は国内の約 20％の人にしか使われておらず情報の入手に格差が生じている現状がある。また一口にピジンと言っても，ニューギニアの場合，地域的・社会的な変種が存在する。加えて文法現象もテーマが多岐にわたる。そのあたりは岡村徹氏の論文を通じて，理解することができるであろう。そしてハワイのクレオールとニューギニアのピジン語（トク・ピシン）の言語特徴を比べてみれば読者はおもしろい発見をすることができるかもしれない。そこは C. フォルカー氏の論文をご覧いただきたい。

　Hall（1943），Dutton（1973），Mühlhäusler（1978）ら，この分野において活躍した偉大な言語学者の名前はいつまでも忘れられないであろう。幸い，彼らに続くパプアニューギニア人言語学者も育ってきた。Thomas（1985），Leke（2007），Aime（2011）らの名前を挙げることができる。トーマス氏は世界ではじめてピジン語で修士論文を書いている。レケ氏は，国内で話される三つの共通語の文化的・社会的機能について議論している。

Aime（2011）はトク・ピシンの文体について議論した。従来の4変種（Tok Masta, Urban Pidgin, Rural Pidgin, Bush Pidgin）に修正を加え3変種（Rural Pidgin, Urban Pidgin, Youth Pidgin）とし，メディアのピジン語に対する姿勢に再考を迫った。

　トク・ピシンは放っといても落ち着くところに落ち着くという発想もあるかもしれない。しかし現実にニューギニア人同士で，例えば老人と若者との間で，会話に参加できないほどコミュニケーション上の隔たりが大きく生じ困っている人がいる以上，何らかの対策が施されなければならないのも事実である。多数派は Rural Pidgin の話し手であって，Urban Pidgin の話し手ではない。前者は国民の80％が共有できる変種だが，後者は20％に過ぎない。ワントク新聞が20％の世界の変種で編集がされていることは改善されねばならないだろう。具体的な方策としては，既存のピジン語を使って，Rural Pidgin の話者に配慮した，わかりやすいことばで新しい概念を説明するやり方が最善であろう。Aime 氏は在来の言語ではなく，トク・ピシンが母語である。母語話者ならではの言語観が随所に見られるし，母語話者からの具体的な提言が積極的に聞かれるのは喜ばしいことである。

　第3章には太平洋諸島の日本語に関する研究論文がある。海外で話されている日本語の研究が活発になっていると聞いている。ここオセアニア地域でも，特にハワイやミクロネシアは歴史的に日本人との接触機会を多く持った地域として知られている。私が語るまでもなく，本書で島田めぐみ氏，甲斐ますみ氏，松本和子氏が過去から現在に至るまでの日本語の実態を詳細に

報告しているのでそちらをご覧いただきたい。きっと，これらの地域でしか観察できない特殊な一面もあることだろう。

　パプアニューギニアの前首相である，M. ソマレ氏は，第二次世界大戦中，旧日本軍に日本語の指導を受けた。現在でも簡単な日本語なら口から出てくるようだ。日本には何度も足を運んでいるし，親日家として知られている。国内の日本語教育もJICAの職員のお陰で軌道に乗りつつある。日本に留学する学生も増えてきたし，主に日本人観光客のために旅行の手配を行う旅行社に就職する機会もある。私はもっと日本の若者に私の国に来て欲しいと思っている。きっとソマレ元首相も同じ考えであろう。歴史的にも，経済的にも，日本との結びつきは強いし，その関係はこれからも維持されていくであろう。

　一方，ニューギニアを含むメラネシア地域では，日本語の実態がほとんど報告されていない。日本人によってニッケルの採掘が行われたニューカレドニア島，砂糖黍農園の契約労働者としてフィジーに渡った日本人の言語生活などは，ほとんど知られていないようである。今後，メラネシア地域における日本語研究も進展することを望みたい。

　最後に，本書が一人でも多くの日本人に読まれ，第二，第三の研究書が世に出る事を期待しペンを置くことにしたい。

参考文献

Aime, A. (2011) The changing nature and styles of spoken Tok Pidgin and it's influence on the written Tok Pidgin. *Journal of Language and Linguistics in*

Oceania, Vol. 4. pp. 91-99

Dutton, T. E. (1973) *Conversational New Guinea Pidgin*. Canberra: Pacific Linguistics (D-12).

Foley, W. A. (1986) *The Papuan languages of New Guinea*. Cambridge: CUP.

Franklin, K. J. (1971) *A grammar of Kewa, New Guinea*. Canberra: Pacific Linguistics, C16.

Hall, R. A. (1943) *Melanesian Pidgin English: grammar, texts, vocabulary*. Baltimore: Linguistic Society of America.

Leke, D. (2007) The Role of Lingua Francas in Papua New Guinea. In Okamura (ed.) *Language in Papua New Guinea*. Tokyo: Hituzi Syobo Publishing.

Mühlhäusler, P. (1979) *Growth and structure of the lexicon of New Guinea Pidgin*. Canberra: Pacific Linguistics (C-52).

Somare, M. (1970) In a Japanese school. *Journal of the Papua and New Guinea Society*, 4 (1), 29-32.

Thomas, D. and Dutton, T. E. (1985) *A New Course in Tok Pisin*. Canberra: Pacific Linguistics (D-67).

van den Berg, René. SIL International 'Integration and interdependence in Oceanic research: an SIL perspective', paper presented at the conference on directions in Oceanic research Newcastle (Australia), 9-11 December 2008.

Wurm, S. A. (1982) *The Papuan languages of Oceania*. Tubingen, Germany: Narr.

Yarapea, Apoi. (2007) Coordinate constructions and switch reference in Kewapi: a Papuan language of the Sourthern Highlands of Papua New Guinea. Okamura, Toru (ed.) *Language in Papua New Guinea*. Tokyo: Hituzi Syobo Publishing.

第1章　在来言語の世界

1－1　タヒチ語数詞の変遷

塩谷　亨

1. 序論

1.1. ポリネシア諸語の数詞

　ポリネシア諸語とは，北太平洋のハワイから南半球のニュージーランド，そしてはるか東のイースター島を含むポリネシア地域及びその周辺で話されている土着の言語のグループで，それぞれは，同じ祖先から発達した同系統の言語である。広大な地域に広がっているにもかかわらず，文法的にも語彙的にもとてもよく似ている[1]。

　現代のポリネシア諸語の数詞システムを概観すると，一桁の数から（1から）始まり，二桁の数まで（99まで）はそれぞれポリネシア諸語固有の数詞で表すことができるシステムを持っている。三桁の数から（100から）は，多くのポリネシア諸語では，外来語（例えば英語のhundredに由来する外来語）の数詞が登場するが，言語によっては，かなり大きな数まで，外来語

を使わず，固有の語彙だけで表現できる場合もある。また，今現在では廃れてしまい用いられなくなったが，かつてはかなり大きな数まで表せる数詞システムを持っていたという言語もある。Bender and Beller（2006a: 41, 2006b: 396）は，ポリネシア人の祖先たちは少なくとも「千」の位までは固有の数詞システムを拡張させており，また，多くのポリネシア諸語ではさらに大きな桁の数を発達させ，最大で「百億」まで表す数詞を持った言語があることを指摘している[2]。

タヒチ語はタヒチ島を中心とするソサエティ諸島及びフランス領ポリネシアで広く通用するポリネシア諸語の一つである。現代のタヒチ語の数詞システムについても，hō'ē「一」から iva 'ahulu ma iva「九十九」まではタヒチ語固有の単語で数えることができるが，hō'ē hānere「百」から外来語の数詞が登場する。hānere「百」は英語の hundred に由来する外来語である。Henry（1928）は最も大きな数として tirioni「兆」を挙げているが，これもおそらく英語の trillion に由来する外来語と思われる。以下，外来語を用いて百以上の数を表す現代的な数詞システムを「外来数詞」と呼ぶことにする。表1は Henry（1928）と Peltzer（1996）に基づく外来数詞で用いられる数詞の語彙である。実際には，これらの数詞に 1～99 を表すタヒチ語固有の数詞を加えて，それらを組み合わせて様々な数を表す。

表1　外来数詞で用いられる数詞語彙

	百	千	百万	十億	兆
外来数詞	hānere	tauatini	mirioni	pirioni / miriā	tirioni

尚，あとで触れるように，資料によっては，表1に示された形と若干正書法が異なる数詞も用いられている。

　タヒチ語にはまた，現在は廃れてしまった古い数詞システムがあり，その中では，外来語を用いず，タヒチ語固有の単語だけで hō'ē rau「百」から，最も大きな数として 'a mano tini te 'iu「百億」まで数えることができる。以下，タヒチ語固有の語彙を用いて百以上の数を表す古い数詞システムを「固有数詞」と呼ぶことにする。表2は Henry（1928）と Peltzer（1996）に基づく固有数詞で用いられる語彙である。実際には，これらの数詞に1〜99を表すタヒチ語固有の数詞，を加えて，それらを組み合わせて様々な数を表す。

表2　固有数詞で用いられる数詞語彙

	百	千	万	十万	百万
固有数詞	rau	mano	manotini	rehu	'iu

尚，あとで触れるように，古いタヒチ語の例文には，表2に含まれていない語彙が数詞として用いられているものや，表2に含まれている数詞が表2で示されているのとは異なる数を表すのに用いられているものがある。

1.2. 本稿の目的

　本稿の主たる目的は，三桁以上の数詞がどのように表現されてきたのか，またそれぞれの数詞がどのように用いられてきた

のか分析することである。その際に，年代の異なる三種類の言語資料から得たデータを用いて比較対象を行う。一つは，欧米人がやってくる前，まだ文字が存在しなかった時代から受け継がれてきた物語や歌など，古いタヒチ語の状況を示すデータである。もう一つは，欧米人がやってきて，19世紀にアルファベットを基に考案された文字を使ってタヒチ語に翻訳された聖書からの例文データである。そして，最後は最近出版された現代のタヒチ語の読み物である。

　欧米人が来る前の古い時代と，科学技術が発達した現代とでは，言語で数を表すことについての社会的な必要性も大きく変化し，どこまで大きな数をどこまで詳細に表す必要があるのかという事情も移り変わってきた。そのような流れの中で，タヒチ語では，古来から伝承されてきた固有数詞が廃れ，外来数詞に取って代わられた。本稿では，文字も存在せず外国語との接触もなかった古代から伝承されたタヒチ語資料，多くの外来語が入ってきた19世紀，そして現代と，三つの異なる時代の言語資料を分析することを通して，それぞれの資料での数詞表現の特徴を明らかにし，社会的な必要性から，数詞システムがどのように推移してきたのか，その歴史的推移の一端を示したい。

1.3. 数詞の基本的用法

　本稿での主な分析対象は三桁以上の数を表す数詞であるが，実際に使う場合には，一桁や二桁の数を表す数詞と一緒に組み合わせて用いられる。ここでは，主に一桁の数詞の基本的な用

第1章 在来言語の世界

法を概観する。一桁の数詞の基本的な用法については，Académie Tahitienne（1986），Lazard et Peltzer（2000），Peltzer（1996）等に詳しく記述されている。

　数詞を文頭に置くと，存在文的な意味の文となる。その際，一桁の数のうち2から9までの数を表す数詞の前には一般に数詞小辞 e が置かれる。一桁の数の中でも1の数を表す数詞には数詞小辞が置かれない。

(1) E　　　toru pahī i　　reva.
　　小辞[3] 三　船　完了 発つ
　　「出発した船は三隻ある。」

Académie Tahitienne (1986: 142)

(2) Hōʻē noa iʻa ʻo　　tā ʻoe　　e　　　ʻamu!
　　一　だけ 魚 ～だ あなたの 未完了 食べる
　　「あなたが食べるのは一匹の魚だけだ。」

Lazard et Peltzer (2000: 182)

例(1)のように，数詞 toru「三」の前には数詞小辞 e が置かれている。一方，例(2)のように，数詞 hōʻē「一」の前には数詞小辞 e は置かれていない。

　数詞を名詞の修飾語として使うこともできる。その際には，名詞の前に付加されることも，名詞の後ろに付加されることもある。

19

(3) 'ua reva e toru pahī
　　完了 発つ 小辞 三　船
　　「三隻の船が出発した。」　　Académie Tahitienne (1986: 142)

(4) 'ua reva nā pahī e toru
　　完了 発つ 冠詞 船　小辞 三
　　「三隻の船が出発した。」　　Lazard et Peltzer (2000: 183)

数詞は例(3)では名詞の前に，例(4)では名詞の後ろに来ている。

　数詞に冠詞を付加すると名詞として用いることができる。例(5)のように「～個（のもの）」のような基数的な意味でも用いられるし，例(6)のように「～番目（のもの）」という序数的な意味で用いられることもある。

(5) 'Ua mahere te toru.
　　完了 取られる 冠詞 三
　　「三つが取られた。」　　　　　　Peltzer (1996: 35)

(6) 'O vau te piti.
　　～だ 私 冠詞 二
　　「私は二番目だ。」　　　　　　Peltzer (1996: 35)

　文の述語として動詞的に用いることもできる。この場合には，時制や動作の様態を表す様々な小辞と共に用いる。

(7) 'a pae tamari 'i i reva.
　　起動 五 子供　完了 発つ

「出発した子供は5人になった。」

Lazard et Peltzer (2000: 183)

例(7)では「起動」という動作の様態を表す小辞 'a が付加されているが，これは数詞の前に付加されると「(累積合計で)～になった」のような意味を表す[4]。

1.4. 今回の分析に用いた言語資料

19世紀前半に収集された古代タヒチ伝承の物語や詠唱などの資料を基に編纂されたタヒチの文化についての記述である Henry (1928) から，古くから伝承されているタヒチの古い物語や詠唱の例文を収集した。欧米人が来る前の古いタヒチ語の状況を示すデータを含んでいる。以下，『古代のタヒチ』と表記する。

タヒチでは聖書は19世紀に翻訳された。今回用いたのは The Bible Society in the South Pacific (1997) である。版としては1997年版であるが，タヒチ語訳聖書の基準となっている1878年版と同一であることを確認済みである。以下，『聖書①』と表記する。もう一つ，聖書の部分訳である London Missionary Society (1826) の黙示録部分からも例文を採集した。以下，『聖書②』と表記する。同じ聖書の翻訳であるが，両者の間には差異が見られた。

現代に出版されたものとして，サン＝テグジュペリの「星の王子様」のタヒチ語訳である Saint-Exupéry, Antoine de. (2006)

から例文を採集した。大きな数を表す表現を多く含んでいる。以下,『星の王子様』と表記する。

2. 三桁以上の数を表す数詞の用例の分析

2.1. どのような数詞語彙が用いられているか

2.1.1. 『古代のタヒチ』

　Henry（1928）に収録されているタヒチ古来の物語や詠唱の中には外来数詞は登場しない。そこに登場する数詞語彙は下表のとおりである[5]。

表3　『古代のタヒチ』収録の物語・詠唱の数詞語彙

固有数詞				
rau	nāna'ihere	mano	manotini	'iu / 'iu'iu
百		千	万	百万

それぞれの例文は以下の通りである。まず,「百」を表す数詞語彙としては rau と nāna'ihere の二種類である。

(8)　e　**nāna'ihere** Papa'oa,
　　～だ 百　　　　Papa'oa
　　「Papa'oa という所は百だ（百の価値があるものだ）。」

　　　　　　　　　　　　　　　　　　　Henry (1928: 76)

第 1 章　在来言語の世界

(9)　ʻa　**rau**　te　aro　o　te　aʻa.
　　起動　百　冠詞　表　〜の　冠詞　根
　　「百の根があった。」　　　　　　　　　Henry (1928: 342)

「千」を表す mano の例は以下の通りである。

(10)　e　Ihu-ata　e,　e　te　**mano**　o　te　atua !
　　〜よ Ihuata　〜よ　〜よ　冠詞　千　〜の　冠詞　神
　　「Ihuata よ、千の神々よ。」　　　　　　Henry (1928: 484)

「万」を表す mano tini の例は以下の通りである。

(11)　ʻa　**mano tini**　te　aro　o　te　aʻa.
　　起動　万　　　冠詞　表　〜の　冠詞　根
　　「万の根があった。」　　　　　　　　　Henry (1928: 342)

「百万」を表すとされる ʻiu とその反復形 ʻiuʻiu の例文は以下の通りである。

(12)　ʻa　**ʻiu**　te　pō　i　te　pō　roaʻ　ia　taʻo.
　　起動 百万 冠詞 夜 〜に 冠詞 夜 長い 〜したら 言う
　　「名前を言うとしたら長い夜の中には百万の夜があるだろう。」
　　　　　　　　　　　　　　　　　　　　Henry (1928: 404)

23

(13) i　　parahi Taʻaroa　i　　　roto i　　　toʻna　paʻa mai
　　 完了　座す　Taʻaroa　〜に　 中　〜に　 彼の　殻　方向詞
　　 te　　pō　　ʻa　　**ʻiuʻiu**　　mai.
　　 冠詞　夜　起動　 百万　　 方向詞
　　「Taʻaroa（創造神）は彼の殻の中に百万の夜の間座した。」

　　　　　　　　　　　　　　　　　　　　　　　Henry (1928: 336)

2.1.2. 『聖書①』と『聖書②』

『聖書①』には三つの外来数詞と一つの固有数詞が登場した。

表4 『聖書①』の数詞語彙

外来数詞			固有数詞
hanere	tausani	muriadi	manotini
百	千	万	

このうち muriadi は英語の myriad から由来する外来数詞と考えられるが，これは現在では使われていない。また，現代では「千」は tauatini という形になっており，tausani という形は使われない。それぞれの例文は以下の通りである。

(14) E　　hoe　　aʻera　**hanere**　e　　toru　ahuru to
　　 小辞　一つ　方向詞　　百　　　〜と　三つ　十　〜の
　　 Adamu　matahiti,…
　　 アダム　年
　　「アダムは百三十歳になったとき，…」

　　　　　　　　　　　　　　　　　　　　　　　創世記／5章3節

第 1 章　在来言語の世界

⒂　…te　moni　ario　hoe　**tausani** …
　　冠詞　お金　銀　一つ　千
　　「…銀貨一千シェケル…」¦シュケルという単位は訳されていない¦
　　　　　　　　　　　　　　　　　　　　　　創世記／20 章 16 節

⒃　e　piti　ia　**muriadi**-raa　i　te　**muriadi**, ….
　　小辞　二つ　それ　万 - 名詞化[6]　〜に　冠詞　万
　　「それ（騎兵の数）は二億¦万において万が二つ¦，….」
　　　　　　　　　　　　　　　　　　ヨハネの黙示録／9 章 16 節

⒄　e　ua　ahuru hoi te　**tausani**-raa i　te　**manotini**
　　そして 完了 十　〜も 冠詞 千 - 名詞化 〜に 冠詞 万
　　i　te　tia- raa　i　mua　i　tana　aro…
　　〜に 冠詞　立つ - 名詞化 〜に 前 〜に 彼の 面前
　　「彼の前にはべる者は万々¦万において千が十になった¦…」
　　　　　　　　　　　　　　　　　　　ダニエル書／7 章 10 節

『聖書②』のヨハネの黙示録部分においては，三桁以上の数を表す数詞語彙として用いられていたのは表 5 のとおりである。

表 5　『聖書②』の数詞語彙

外来数詞		固有数詞	外来数詞
haneri	tausani	manotini	milioni
百	千	万	百万

「万」を表す数詞語彙として，固有数詞の manotini が用いられていた。例文は以下の通りである。外来数詞の haneri, tausani, milioni の三つとも現在の正書法とは異なっている。現

25

在の正書法ではそれぞれ，hānere, tauatini, mirioni となっている。

(18) e   teie   hoi   tona   numero, e   ono   **haneri**,
    そして これ 強調 彼の   数字   小辞 六   百
    e   ono   ahuru, e   ono   tiahapa.
    小辞 六   十   小辞 六   端数
    「これこそが彼の数字である，六百六十と六。」

    黙示録／13 章 18 節

(19) e   ua   tapea   iana   e   hoe **tausani** matahiti.
    そして 完了 捕まえている 彼を そして 一 千   年
    「そして彼を千年間捕まえておいた。」

    黙示録／20 章 2 節

(20) e   ua   ahuru hoi te   tausani raa   o   te
    そして 完了 十   強調 冠詞 千   名詞化 ～の 冠詞
    manotini.
    万
    「万の万倍になった。」（文字通りには「万の千個分が十になった。」）

    黙示録／5 章 11 節

(21) E   te   numero o te   nuu taata hipo ra, .. e   piti
    そして 冠詞 数   の 冠詞 軍隊 人 馬 その 小辞 二
    ia   haneri   o   te   **milioni**…
    それ 百   ～の 冠詞 百万
    「そして騎兵隊の数は，それは二億である。」（文字通りには「百万の百が二つある」）

    黙示録／9 章 16 節

それぞれの数詞がどのように組み合わされて大きな数を表すかについての詳細は 2.2. 節で述べる。

2.1.3. 『星の王子様』
現代の出版物である星の王子様には大きな数を表す表現が多く登場したが，その中では，四つの外来数詞が登場し，固有数詞は登場しなかった。

表6　『星の王子様』の数詞語彙

外来数詞			
hānere	tauatini	mirioni	miriā
百	千	百万	十億

それぞれの例文は以下の通りである。

(22) …'aore ra e　piti **hānere** i　te　　　mahana hōʻē,…
　　 或いは小辞二　百　　に　冠詞　　　日　　　一
　　「或いは同じ日のうちに二百回」　　　　『星の王子様』：38

(23) ʻe　　hitu　**tauatini** ʻaivānaʻa ʻihifenua,
　　 小辞　七　　千　　　　学者　　　地理学
　　「七千人の地理学者」　　　　　　　　　『星の王子様』：56

(24) ʻUa　hau　i　te　**mirioni** matahiti i　　teienei　te
　　 完了 超える ～を 冠詞　百万　　年　　～に　今　　　冠詞

27

```
tupuraʻa    te    tara    i    niʻa    i    te    tiare.
生えること 冠詞 とげ ～に 上    ～に 冠詞 花
```
「百万年以上も花には棘がある」(文字通りには「花に棘が生えることは今で百万年を超えている」)　『星の王子様』: 28

(25)　ʻe   piti   **miriā**   ʻe   tiʻahapa   taʻata   paʻari.
　　　小辞 二 十億　そして 端数　人　大人の
「約二十億人の大人」　　　　　　　　　『星の王子様』: 56

2.1.4. 数詞語彙の変遷

　外来数詞は『古代のタヒチ』収録の古来から伝わる物語や詠唱では登場しなかったものが，『聖書』では三つ，そして『星の王子様』では四つと増加していくことが観察できた。一方で，『古代のタヒチ』収録の古来から伝わる物語や詠唱では専ら固有数詞だけだったのに対し，『聖書』では一つだけに減り，『星の王子様』では一つも登場しなくなった。このように，固有数詞の衰退と外来数詞の拡張という変遷を見ることが出来た。

表7　三桁以上の数を表す数詞語彙の変遷

昔	→	現代
『古代のタヒチ』収録の古来から伝わる物語や詠唱	『聖書①』『聖書②』	『星の王子様』
固有数詞のみ	固有数詞一種類のみ	
	外来数詞三種類	外来数詞のみ

2.2. 数詞語彙をどのように組み合わせて三桁以上の数を表しているか

2.2.1. 『古代のタヒチ』

『古代のタヒチ』では，三桁以上の数を表す数詞は単独で用いられており，他の数詞と組み合わせて用いている例はなかった。ただし，「万」を表すmanotiniはmano-tiniと二つの語に分解することが出来る。Henry（1928: 324）によれば，tiniは「十」という数を表す数詞としても用いられていたものである。従って，manotiniはmano「千」がtini「十」あるので「万」を表すと分析でき，三桁以上の数を表す数詞語彙の組み合わせの例と考えることが出来る。また，物語や詠唱の中には登場してはいないが，今では廃れた古来の数詞の用例として，次のようなものをあげている。

(26) 'a   mano tini   te   'iu
　　 起動   万   冠詞 百万
　　 「百億」（文字通りには「百万が万個になった」）

　　　　　　　　　　　　　　　　　　Henry (1928: 325)

例(26)では，manotini「万」と'iu「百万」を用いて「百万が万個になった」という意味の一つの文として組み合わせ，それ全体で「百億」（百万×万＝百億）という大きな数を表している。

29

2.2.2. 『聖書①』『聖書②』

『聖書①』では三桁以上の数を表す数詞語彙が様々に組み合わせて用いられている。四桁までの数詞については，千と百を組み合わせて「何千何百何十何」のように順番に並べていくのみである。

(27)　e　taua　mau　sekela　hoe **tausani**, e　hitu **hanere**, e　hitu
　　 と その 複数 シケル 一 千　　　と 七 百　　 と 七
　　 ahuru,　e　　pae　 tiahapa　　ra,…
　　 十　　 と　 五　　 端数　　　 その
　　「その千七百七十五シケルは…」
　　　　　　　　　　　　　　　　　　出エジプト記／38章28節

五桁以上の大きな数を表す場合には，千を一まとまりとして表す。その際の数詞の結合方法には若干のばらつきがあるが，大多数の場合は，『古代のタヒチ』の例(26)と同様に，一つの数を表すのに，一つの文に相当するような表現を用いる。

(28)　e　vau ahuru i　　te　**tausani**-raa　i　　te　feia
　　 小辞 八　十　〜に 冠詞 千-名詞化　〜に 冠詞 人々
　　 tarai ofai i 　 nia　i　te　　　　mou'a ;
　　 切る 石 〜に 上 〜に 冠詞　　　　 山
　　「山で石を切る人が八万人」(文字通りには「石を切る人々について，千において八十ある」)　　　列王記／5章15節

第 1 章　在来言語の世界

このように「千において八十ある」という文に相当する表現で「八万」(千×八十＝八万)という数を表している。十万や百万の場合も同様である。

(29)　hoe **hanere**-raa　i　te　**tausani** i　te　taleni
　　　一つ　百 - 名詞化　～に　冠詞　千　　～に　冠詞　タラント

　　　auro, hoe　　　hoi　**tausani**-raa
　　　金　　一つ　　　～も　千 - 名詞化

　　　i　te　　　　**tausani**　i　　te　　taleni ario ;
　　　～に　冠詞　　　千　～ に　冠詞　タラント　銀

　　「金十万タラント ｛重さの単位｝, 銀百万 ｛千において千が一つ｝ タラント (を準備した)。」　歴代志上／22 章 14 節

このように,「千において百が一つ」で「十万」を,「千において千が一つ」で「百万」をそれぞれ表している。『聖書①』の例文ではほとんどこのような方法で表している。しかしながら, 一例だけ, 違う方法で四桁の数を表している例があった。千を区切りとしている点では同様であるが,「千において何個ある」というような文に相当する表現ではなく, 英語と同じように, 3 桁 (千の位) で区切って並べていく方法である。

(30)　e　pae ahuru **tausani**　e　hitu ahuru taua　　mau
　　　小辞　五　十　　千　　小辞　七　十　それら　複数

　　　taata　i　tairihia　　　e　　ana　ra :
　　　人　　完了打つ　　　によって　彼　あの

31

「彼によって五万七十人が打たれた」

サムエル記上／6章19節

ここでは,「千が五十」で「五万」を表しているが, 英語と同じように「五十・千」と並べているだけで, 前述の諸例のように「千において五十」のような文に相当する表現を用いていない。

『聖書②』のヨハネの黙示録部分でも(30)と同様の方法が取られている。

(31) hoe **hanere** e maha ahuru e   maha tiahapa **tausani** i
　　 一　百　と　四　十　と　四　端数　千　　完了
sigilo-hia
印を押す - 受動
「印を押されたのは十四万四千」　　　黙示録／7章4節

ここでは,「百四十四・千」のように英語式に並べるだけで「十四万四千」という数を表している。

「億」のようなさらに大きな数を表す際には,『聖書①』でも『聖書②』でも「万」を一まとまりとして表す。『聖書①』では例文（28-29）と同じ様な形式で,「万において何個ある」のような文に相当する表現を用いて,「億」という大きな数を表す。

(32) e   piti ia   **muriadi**-raa i   te   **muriadi**, ….
　　 小辞　二　それ　万 - 名詞化　〜に　冠詞　万

第 1 章　在来言語の世界

「それ（騎兵の数）は二億 |万において万が二つ|, ….」
ヨハネの黙示録／9 章 16 節

「万において二つの万がある」という表現で「二億」（万×万＝億）を表している。同様に、『聖書②』でも，文に相当するような表現を用いて「億」という数字を表しているが，『聖書①』とは若干異なる表現を用いている。

(33)　e　　ua　　ahuru hoi　te　**tausani** raa　　o　te
　　　そして 完了 十　　強調 冠詞 千　　　名詞化 の 冠詞
　　　manotini:
　　　万
「（その数は）万の万倍」（文字通りには「万の千個が十になった。」）
ヨハネの黙示録／5 章 11 節

例文(33)では，「万の千個が十になる」という表現で「万の万倍」すなわち「一億」（万×千×十＝億）を表している。また，興味深いことに，例文(33)では「万」という数が外来数詞ではなく，固有数詞の manotini「万」で表されている。
　一方で，同じ聖書②の中で，同じく「億」という数字を表す表現として，外来数詞 milioni「百万」を用いた例も存在する。

(34)　E　　　te　numero o　　te　　nuu　taata hipo ra,..　e
　　　そして 冠詞 数　 の 冠詞 軍隊 人　 馬　 その 小辞
　　　piti　　ia　haneri　o　te　　**milioni**…
　　　二　　それ 百　　 の 冠詞 百万

33

「そして騎兵隊の数は，それは二億である…」（文字通りには「百万の百が二つある」）　ヨハネの黙示録／9章16節

ここでは，「百万の百が二つ」で「二億」（百万×百＝億）を表している。

2.2.3. 『星の王子様』

『星の王子様』では英語と同じように，末桁から三桁ずつまとめて，千の単位，百万の単位，十億の単位でまとめて区切って表す。mirioni「百万」と tauatini「千」が区切りとなっている例は以下の通りである。『聖書②』の例文で示した方法と同様である。

(35)　E　　pae hānere ʻe　hōʻē **mirioni**, ʻe　ono **hānere** ʻe　piti ʻahuru
　　　小辞　五 百　　と 一　百万　と 六　百　　と 二 十

　　　ma　piti **tauatini**, ʻe　hitu　hānere ʻe　toru　ʻahuru
　　　と　二 千　　　と 七　　百　　と 三　　十

　　　ma　hōʻē　te　　tāʻatoʻaraʻa.
　　　と　一　　冠詞　合わせること

「これで五億百六十二万二千七百三十一になった。」
　　　　　　　　　　　　　　　　　　　　　『星の王子様』:44

このように，「百万が五百と一，千が六百二十二，七百三十一」のように，三桁ずつまとめて区切って表している。

　miriā「十億」が区切りとなる例は以下の通りである。

第1章　在来言語の世界

(36) 'e　　　piti **miriā**　'e　ti'ahapa ta'ata pa'ari.
　　 そして　二　十億　　と　端数　　人　　大人の
　　 「約二十億の大人」　　　　　　　　　　　『星の王子様』:56

ここでは,「十億が二つ」で,「二十億」という数を表している。

2.2.4.　大きな数の表し方の変遷

『古代のタヒチ』では三桁以上の数を表す数詞は,基本的には他の数詞と組み合わせて用いられることはなく,単独で用いられていた。一方で,「百万が万個になった」で「百億」を表すなど文に相当する表現で大きな数を表している例もあった。

『聖書①』でも,「千/万において○が△個ある」のように,『聖書②』でも,部分的にではあるが,「万の千個が△個ある」或いは,「百万の百が○個ある」のように,文に相当する表現で

表8 大きな数の表し方の変遷

『古代のタヒチ』	『聖書①』『聖書②』	『星の王子様』
基本的に単独で用いる		
文に相当する表現で大きな数を表すこともある。(例は少ない)	文に相当する表現で大きな数を表す。	
	英語のように三桁ずつ区切って並べていく。	英語のように三桁ずつ区切って並べていく。

大きな数が表されていた。一方で,『聖書②』では,多くの場合,英語のように末桁から三桁ずつ区切って,「○△□百万,○△□千,○△□」のように並べていくことで大きな数が表されていた。これに類した例は『聖書①』でも数は少ないが見られた。『星の王子様』では英語のように三桁ずつ区切って並べるという方法で大きな数を表している。

2.3. どれだけ具体的な数が表されているか

『古代のタヒチ』で表されている大きな数は大雑把な数であった。用例を見ても,例文（8-13）が示すように,「百」,「千」,「万」等が単独で使われており,他の一桁数詞と組み合わせて,「二千四百」などと具体的な数を表している例はなかった。また,数詞の用法があるものとして表3にあげられているいくつかの語については,採録者による英語訳を見ると,具体的な数ではなく,単に「多数,無数」と解釈されている場合もあった。このようなことから,それぞれの数詞が示す数値はそれほど厳密なものではなかったと想像される。

『聖書①』及び『聖書②』ではかなり具体的な数が表記されている。元々具体的な数があったものを翻訳したわけであるから当然なのであるが,細かい例としては例えば次の様なものがある。

(37) e   maha ia   ahuru ma ono i   te **tausani**, e   pae
　　小辞 四   それ 十   〜と 六 〜に 冠詞 千   小辞 五

hanere tiahapa.
百　　端数

「(すなわち,ルベン族の登録された者は) 四万六千五百人。」(文字通りには「千において四十六,端数五百」)　民数記／1章21節

ここでは「四万六千五百」とかなり具体的な数が表現されている。これは戦争に行ける人数を調査して数えたというエピソードであり,そのような意味で,具体的な数を示すのが適切な文脈である。

『星の王子様』では,さらに細かい具体的な数が示されている。上述の例(35)がその例である。以下に再提示する。

(38)　E　　pae　hānere　ʻe　hōʻē　**mirioni,** ʻe　ono　hānere　ʻe　piti
　　　小辞　五　　百　　と　一　　百万　　と　六　　百　　と　二
　　　ʻahuru ma piti　**tauatini,**　ʻe　　hitu　hānere　ʻe　toru
　　　十　　と　二　　千　　　　と　　　七　　百　　と　三
　　　ʻahuru　ma　hōʻē　te　　tāʻatoʻaraʻa.
　　　十　　　と　一　　冠詞　合わせること
「これで五億百六十二万二千七百三十一になった。」
　　　　　　　　　　　　　　　　　　　　『星の王子様』: 44

「五億百六十二万二千七百三十一」のように億の位から一の位まで表記された,極めて具体的な数であるが,このように大きな数でも具体的に表記することは現代では珍しいことではない。『星の王子様』には,この他にもかなり大きな数でありな

がら具体的な数がしばしば表記されている。

　以上のように，大雑把で具体性に欠ける数を表していた『古代のタヒチ』から，『聖書①』，そして現代の『星の王子様』へと，大きな数がより具体的に表記されていく推移の様子が観察された。

2.4. 度量句の表し方

　数詞がいろいろな単位と結合して形成される度量句の表し方についても，三つのジャンル間で差異が見られた。『古代のタヒチ』に収録された古来から伝承された物語や詠唱には，単位と数詞が結びついた例は登場しなかった。『聖書①』ではいろいろな単位が登場するが，前置詞を付加して「(単位)において」のように数詞とは切り離して表されている。

(39)　e　　toru　　ïa　　**hanere**　　i　　te　　kubiti,...
　　　小辞　3　　それ　　百　　〜に　冠詞　キュビト
　　　「すなわち（箱舟の長さは）三百キュビト…」（文字通りには「キュビトにおいて百が三つ」）　　　創世記／6章15節

ここでは，kubiti「キュビト（古代の長さの単位）」が数詞と切り離されて i te kubiti「キュビトにおいて」のように表されている。一方，『聖書②』では，英語と同じように，数詞の後ろに単位が直接結合されている。

第 1 章　在来言語の世界

(40)　e　　　hoe　**haneri**　e　maha　ahuru　ma-maha　cubiti, ….
　　そして　一　　百　　　と　四　　十　　　と-四　　キュビト
　　「…百四十四キュビト…」　　　ヨハネの黙示録／21 章 17 節

　たまたま同じ単位（正書法は cubiti, kubiti と若干異なっている）が，『聖書①』の例文(39)では前置詞によって切り離されていたものが，『聖書②』の例文(40)では数詞と直接結合している。
　『星の王子様』でも，例文(40)と同様に，単位は直接数詞の後ろに結合する。

(41)　hōē　　**tauatini**　　maire
　　一つ　　千　　　　マイル
　　「一千マイル」　　　　　　　　　　『星の王子様』: 10

このように単位 maire「マイル」が tauatini「千」の後ろに置かれている。
　更に，数詞に単位が結合したもの全体が一まとまりになって，修飾句を形成し前の名詞を修飾している例もある。

(42)　te　　hōē　　fare　　**hānere**　　**tauatini**　　farāne.
　　冠詞　一つ　　家　　　百　　　　千　　　　フラン
　　「十万フランの一軒の家」　　　　　　『星の王子様』: 19

ここでは，hānere tauatini farāne「十万フラン」という数詞と単位が結合したものが，全体として，te hōē fare「一軒の家」の

39

修飾句となっている。

　このように，元々タヒチにはなかった様々な単位が導入され，聖書翻訳の時代には，前置詞を介して数詞と切り離されて用いられていたり，或いは，数詞の後ろに直接結合して用いられていたが，その後，専ら数詞と直接結合するようにと推移していった。さらには，数詞と単位が結合したものが，一まとまりとなって名詞を修飾するようにもなり，数詞と単位の一体化が強まった。

3. まとめ

　より具体的な数を表すという必要性の高まりに従って，数詞語彙とその用法は変化してきたものと考えられる。

　語彙については，元々は固有数詞のみであったところに，聖書翻訳の段階では固有数詞から外来数詞へと大きな変化が起こっている。その際，hānere（別形 haneri）「百」や tauatini（別形 tausani）「千」は比較的早くから普及したが，現在では一般的な mirioni「百万」のような大きな数を表す外来数詞はまだあまり普及していなかったものと考えられる。tausani までの数の組み合わせで表現しきれない大きな数については，固有数詞の manotini「万」或いはその等価物である外来数詞の muriadi「万」のように現在では廃れてしまった形が使われていたが，その後，mirioni 等さらに大きな数を表す外来数詞が普及してくると，manotini 或いは muriadi などの古い形が廃れ

第 1 章　在来言語の世界

て，最終的には，三桁ごとの基準となる数（千，百万等）を表す外来数詞と，一桁および二桁の数を表す固有数詞を組み合わせて用いる英語式のシステムへと推移していった。

　また，数詞を組み合わせて大きな数を表す際の表現については，かつては，それぞれの数詞語彙要素が冠詞や前置詞で分断され，一つの文に相当するような表現を形成して，それ全体で，一つの大きな数が表現されていた。その後，英語と同じように三桁ごとに区切って並べていくというシステムへと推移していった。より大きな数を表す外来数詞の普及と並行して，かつてのいろいろな要素が複雑に結合していた表現から，よりシンプルに線型的に結合されるようになり，数詞句としてのまとまりが強まった。

　同じように，元々は，前置詞によって数詞から分断されていた単位を表す名詞も，数詞と直接結合するようになり，それ全体がひとまとまりとなって，一つの修飾語句を形成するようになった。このように，三桁以上の数を表す数表現全体を通して，分断された句の結合から，より一体化した一つのまとまった数詞句へと推移していったことが観察された。

　現在では，特に大きな数字については，アルファベット文字で書かれた数詞ではなく算用数字を文中に用いるのが一般的である。尚，算用数字で書かれる場合も，語順等の規則は文字で書かれる数詞と同様である。また，数詞と同様に，数詞小辞 e も付加される。

⑷3)　ua　　tai'o　　hia　　e　　800　　fa'ehau　　farāni　…
　　　完了　数える　受身　小辞　　　　兵士　　　　フランスの
　　「800人のフランス軍が数えられた。…」

Musée (2001: 34)

注

1) 本稿は文部科学省科学研究費補助金基盤研究C一般「ポリネシア諸語の数詞体系と数詞間の文法的特性の推移についての対照研究」課題番号：22520417 研究代表者：塩谷亨）の研究成果の一部によるものである。
2) 塩谷（2011）がポリネシア諸語の先行研究を調べた結果，「百億」という表現はヌクオロ語とタヒチ語に，「二十億」という表現がツアモツ語で報告されているほか，Lieber and Dikepa（1974）はカピガマラギ語の例として「一兆」という表現を挙げている。
3) 以下，グロス中では数詞小辞を「小辞」と略記する。
4) 'a を起動（開始を表す）と記述したが，この 'a の分析についてはまだ議論の余地がある。数詞小辞 e と共起しないことから数詞小辞の一種とする分析もあり得る。
5) これと同じ文献の Henry（1928: 324-5）には固有語システムと外来語システムの両方の数詞一覧が示されているが，その数詞一覧に列挙された数詞語彙は，収録されている物語や詠唱で実際に使われている数詞語彙と若干異なる部分がある。表3には含めなかったが，『古代のタヒチ』に収録されている物語や詠唱の中には tini が 'thousands' と，tini rau が 'myriads' とそれぞれ訳されているものがあった。もし，これらが文字通りの数値を表しているとすると，これらも三桁以上の数を表す数詞の中に含めることが出来る。2.2.1. 節で述べたように，tini は「十」を表す数詞として用いられることがある。Académie Tahitienne（1999: 494）では，tini の意味として，「千」という表す用法は明記されておらず，tini は「十」を表す数詞として用いられるか，又は単に「多くの」という意味でも用いられるとされている。従って，これらの 'thousands' や 'myriads' という訳語は単に「多数の」という意

味で付与された可能性がある。しかしながら，他のポリネシア諸語を見ると，例えば，タヒチ語の tini に対応するハワイ語の形 kini は「四万」を表す数詞とされている等，具体的な数値を示すとされている例もある。
6) -ra'a は動詞に付加されて「〜すること」のような意味を表すのに用いる名詞化接辞であるが，Académie Tahitienne（1986: 159-160）によれば，この -ra'a が数詞につくと，「十」「百」「千」のように一まとめにした単位を表すとされている。

参考文献

Académie Tahitienne (1986) *Grammaire de la langue tahitienne*. Papeete: Fare Vāna'a.

Académie Tahitienne (1999) *Dictionaire tahitien-francais*. Papeete: Fare Vāna'a.

Bender, Andrea and Sieghard Beller. (2006a) "Fanciful" or genuine? bases and high numerals in Polynesian number systems. *Journal of the Polynesian Society* 115: 7-46.

Bender, Andrea and Sieghard Beller. (2006b) Numeral classifiers and counting systems in Polynesian and Micronesian languages: common roots and cultural adaptations. *Oceanic Linguistics*, 45.2: 380-403.

Henry, Teuira. (1928) *Ancient Tahiti*. Honolulu: Bishop Museum Press. (Reprinted by Kraus Reprint in 1985.)

Lazard, Gilbert et Louise Peltzer. (2000) *Structure de la langue tahitienne*. Paris: Peeters.

Lieber, Michael D. and Kalio H. Dikepa. (1974) *Kapingamarangi lexicon*. Honolulu: University of Hawaii Press.

London Missionary Society (1826) *Te Episetole i te mau Hebera ra, e ta Iacobo : te mau Episetole a Ioane, e te Apocalupo hoi; iritihia ei parau Tahiti*. Tahaa: Leeward Mission Press.

Musée de Tahiti et des îles (2001) *Tahiti 1842-1848*. Punaauia: Musée de Tahiti et des îles.

Peltzer, Louise. (1996) *Grammaire descriptive du tahitien*. Papeete: Éditions Polycop.

Saint-Exupéry, Antoine de. (2006) *Te tamaiti ari'i iti*. Translated into Tahitian by John Faatae Martin. Papeere: Haere Po.

塩谷亭（2011）「100以上の数を表わすポリネシア諸語の数詞」『北海道言語文化研究』 9: 141-164.

The Bible Society in the South Pacific (1997) *Tahitian Bible*. Suva: The Bible Society in the South Pacific.

1－2　パプア諸語の音韻とスタイル

フィリップ・タマ
ローレンス・ゲーリー
訳：永次健人／菅沼健太郎

1. 序論

　ここでは，アレカノ語（Alekano）を言語学的観点，特に音韻論の面から概観していく。アレカノ語は非オーストロネシア諸語（パプア諸語）に属し，東ニューギニア高地大語族の東中央語族に属している（Wurm 1964: 80-83）。

　アレカノ語は非常に単純な音韻構造を持ち，音素を数えると13の子音と5つの母音を持つ（表1と表3を参照）。ガフク（Gahuku）の下位語族に属するほかの言語と同じくアレカノ語は複雑な動詞形態を持つ。また，アレカノ語では声門閉鎖音（本稿では <q> で示す）はときに音節の素性としてはたらく特別な型の子音である。

2. 子音群

アレカノ語は以下の子音を持つ。

表1 アレカノ語の子音

	両唇音	歯茎音	軟口蓋音	声門音
無声閉鎖音		t	k	q
有声閉鎖音			g	
無声摩擦音		s		h
有声摩擦音	v	z		
鼻音	m	n		
側面はじき音		l		
接近音	w			

2.1. 子音の特徴

/v/ は有声両唇摩擦音 [β] である。これを文字として書き表す際には <v> か <b> のどちらかが用いられる。本稿では正書法における <v> という文字を一貫してこの音を表す記号として用いる。/w/ は両唇軟口蓋半母音であるが，この言語ではあまり現れることはない。/z/ は有声歯茎摩擦音であるが，何人かの話者はこの音を有声歯茎破擦音 [dz] で発音する。

アレカノ語では同音節内での子音連続は認められない（Young 1962: 91）。しかし，以下の例に示すように音節頭の子音は音節末の声門閉鎖音に後続することがある。

第 1 章　在来言語の世界

(1)　声門閉鎖音 + 鼻音　　qn　　gipaqne　　'私の子供'
(2)　声門閉鎖音 + 摩擦音　qs　　aqse　　　 '排出物'
(3)　声門閉鎖音 + 側面音　ql　　limímoqlê　'彼／彼女は降りて
　　　　　　　　　　　　　　　　　　　　　 行った。'

全ての子音は語頭，語中に現れる。ただし，声門閉鎖音は語頭に現れることはできない。その一方で声門閉鎖音のみが語末に現れることができる。

Deibler（1987: 23-30）によれば，声門閉鎖音はある環境では子音として機能し，また他のある環境では音節の素性として機能し，そして，またある環境では声門閉鎖音は母音の一種としても機能するとしている。

2.2. 音節構造

アレカノ語の音節構造はおおむね以下のようにまとめられる。V は母音，q は声門閉鎖音を，C はそのほかの子音を表す。

表2　アレカノ語の音節構造

音節の規範 : (C) +V + (V) + (q)		
V:	i.za	'豚'
CV:	ve	'男'
CVV:	goi. ve	'サツマイモ（複数）'
CVq:	ne. taq	'事'
CVVq:	goiq	'導く'
VVq:	aiq	'彼を／彼女に'
VV:	au.pa	'塚'

声門閉鎖音は音節末に現れる唯一の子音である。また，音節頭，音節末のどちらにも子音の連続が起こることはない。

3. 母音

アレカノ語は5つの母音を持つ。

表3　アレカノ語の母音

	前舌 非円唇	中舌	後舌 円唇
高舌	i		u
中舌		e	o
低舌		a	

3.1. 母音の特徴

母音は低いトーンの音節，アクセントがない音節，もしくは声門閉鎖音で終わっている音節においてはやや中舌よりに発音される。また二重母音は以下の例に見るように名詞においては基底の段階から存在してもよい。

(4) gapaisi   '粘土'
(5) legeaq   'ミミズ'
(6) piaq nagamiq   'アルコール'
(7) goive   'サツマイモ (複数)'
(8) Nuiq   '人名'

第1章　在来言語の世界

観察されていない /ao/, /ua/, /uo/ 以外の全ての可能な母音連続がアレカノ語では二重母音において現れる。

以下の動詞群に見るように、5つの母音全てが語頭、語中、語末に現れることができる。

(9)　aqníga　　　　　'見る'
(10)　itéko　　　　　'彼らは入って行った'
(11)　etovaní　　　　'あなたは美しい'
(12)　otevê　　　　　'彼らは立ち上がった'
(13)　utoqû　　　　　'私が現れた'
(14)　apulú　　　　　'私は彼／彼女をぶった'

3.2.　母音交替

アレカノ語では語の内部において形態素境界をまたいで母音同士が隣接する場合、どちらかの母音が削除されたり省略されたりする。例えば、動詞の語幹は一般的に3つの類のどれかに属するが（1類は -a で終わる動詞、2類は -e で終わる動詞、3類は -o で終わる動詞）、これらの語幹の最後の母音は母音削除によりほとんど表層に現れることはない。

3.3.　母音融合

形態素境界をまたいで母音が隣接すると母音融合が起きる。具体的にいうと、どちらかの母音が保持され、一方が削除されるのである。どちらの母音が保持されるかは以下の表4に示し

たように [a, e, i, o, u] のどの母音であるかと，母音の位置（先行している母音 vs 後続している母音）により決まる。

表4　[a, e, i, o, u] の母音各々が母音連続した際に母音融合によって生じる母音

二番目の母音

		a	e	i	o	u
最初の母音	a	a	a	a	o	u
	e	e	e	i	e	u
	i	a	e	i	i	u
	o	a	o	i	o	u
	u	u	(u)	(u)	o	u

（縦軸は母音連続をなす2つの母音のうち最初の母音を，横軸は二番目の母音を示す。）

　この母音融合の過程において，ある特定の母音が一貫して他の母音より強い，あるいは，弱いといったことはなく，また，各母音が母音連続内のどこに位置しているかも母音融合には関与しない。そのため，アレカノ語のこの母音融合を形式化するような規則は存在しないようである。

　母音融合の結果は以下の例のようになる。

(15)　母音 1(V1) + 母音 2 (V2) = 強母音 (V)

　　V1　　+　　V2　　　=V (1+2)

　　a　　 +　　i　　　 =a

　　mina　+　　-i　　　=mina　　'彼／彼女は滞在した'

第 1 章　在来言語の世界

(16)　V1　　＋　　V2　　　＝V (1+2)

　　　a　　　＋　　u　　　＝u

　　　mina　＋　-u　　　＝minu　'私は滞在した'

　動詞の語幹末母音により動詞を３つに分けて例を示すと以下のようになる。

(17)　C1: na '食べる'

		V1(-a) +V2 (-u)		=V(-u)	
1s	-u	na + u	nu	=nu	'私は食べた'
		V1(-a) +V2 (-a)		=V(-a)	
2s	-a	na + a	na	=na	'あなたは食べた'
		V1(-a) +V2 (-i)		=V(-e)	
3s	-i	na + i	na	=na	'彼／彼女は食べた'

(18)　C2: ale '（それを）受け取る'

		V1(-e) +V2 (-u)		=V(-u)	
1s	-u	ale + u	alu	=alu	'私はそれを受け取った'
		V1(-e) +V2 (-a)		=V(-a)	
2s	-a	ale + a	ale	=ale	'あなたはそれを受け取った'

51

		V1(-e) +V2 (-i)			=V(-i)\	
3s	-i	ale	+ i	ali	=ali	'彼／彼女は受け取った'

(19) C3: vo '行く'

		V1(-o) +V2 (-u)			=V(-u)	
1s	-u	vo	+ u	vu	=vu	'私は行った'
		V1(-o) +V2 (-a)			=V(-a)	
2s	-a	vo	+ a	va	=va	'あなたは行った'
		V1(-o) +V2 (-i)			=V(-i)	
3s	-i	vo	+ i	vi	=vi	'彼／彼女は行った'

これらの例からわかるとおり，2つの母音が結合すると，母音は左から右という順に結合する。つまり，母音が連続していた場合，最初の母音はその次の母音と結合するのである。

3.4. 声門閉鎖音 q と母音融合

声門閉鎖音 q は語中に存在すると削除される。しかしこの q は削除されるまえに母音融合を阻止する。その結果として表層では二重母音が残される。このことは規則の適用順序が母音融合→ q 削除であることを示している。

また，二重母音が複合形態素 -^ke に先行していた場合，下降トーンは左へ向かって二重母音全体にかかり広がる。結果と

して二重母音には high → low というトーンが現れ，後続する ピッチは減衰する。このトーンが広がる規則を本稿では「左方 への高低トーンの波及」ということにする。

(20a)　　　　　　　　l　　h　　　l　　　h　　　l
　　　　　　　　　　molo　　　　　-u　　-^ke
基底形　　　　　　　mola　-oq　 -u　　-^k　　-e
母音融合：　　　　　mol　 -oq　 -u　　-^k　　-e
声門閉鎖音削除：molo　　　 -u　　-^k　　-e
左方への高低
ピッチの波及：　　　molo　(h)　 -u (l)　-k　　-e
表層形　　　　　　　mo-lo　　　　-u　　-ke
　　　　　　　　　　l　　h　　　l　　　h　　　l

　このことはアレカノ語における興味深い規則の適用順序を示 している。声門閉鎖音削除はピッチの波及の前に適用され，母 音融合規則の後で適用されないといけないのである。声門閉鎖 音 q が母音融合を阻止することと，二重母音に high ピッチと low ピッチが広がる事実を説明するためには，ここで触れた規 則群は明らかに上の(20a)で示した順序になっていないといけな い。そうでなければ -ou (h) -ke (l) という表層が現れることに なる。

　声門閉鎖音 q は母音融合規則適用の後に削除されないといけ ない。なぜなら -oq における o とそれに後続する形態素の最初 の母音（上の場合は -u）が母音融合しないことと，その一方で

-oq における o とそれに先行する形態素の最後の母音（上の場合は mola の a）が融合する事実を説明できないからである。しかし，-ke に先行する下降ピッチの高低の連続が表層において高が o に，低が u についていることから，q 削除はピッチの波及よりも前に起こらないといけない。q による母音融合の阻止はアレカノ語の動詞の表層形において二重母音が現れる唯一の環境を作り出す。また，二重母音を含む形式に relatedness suffix が接辞した場合の派生を見ると，上で示した規則の順序と現象が確かなものであることが確認できる。

(20b)　母音 1 (V1) + 母音 2 (V2) + q + 母音 3 (V3) = 融合した母音 (V1+ V2) + 母音 3 (V3)

V1+ V2 +q 　　　+V3 　= V (V1+V2) 　　+V3
mola+ 　　-oq 　+-u-k 　= mol 　+-uke = molóuke
　　　　　　　　　　　　　'私は（それを）置いた'

3.5. 母音調和

アレカノ語は母音調和による超分節接辞を 2 種類もつ。ひとつは人称によって交替する母音調和であり，もうひとつは「強母音」が関わる母音調和である。これらの母音調和は動詞を対象とする。これらの母音調和により動詞内には共通の一つの母音のみが現れる。

3.6. 人称によって交替する母音調和

人称によって交替する母音調和の対象は動詞内の全ての要素である。たいていの場合，この母音調和では，[i] が右方向に広がる。(例外母音で始まる動詞群であるが，それは以下の(24)で示した。)

以下の例では，母音調和の影響を受ける部分を [ ] で囲み，[i] がどちら側から広がるかを I という記号を [ ] の右，もしくは左端に置くことで示した。[ ]I と書いてあった場合，右側から広がることを，I[ ] と書いてある場合，左側から広がることを示す。注釈では人称により交替する母音を @H で示した。

例：

(21) AH C1 語根　調和する要素　　　　　　結果　意味
 I[mola + -o]vâ ∏ mili =milivâ
           '彼らは(それを)また置いた'
 3pS@H place R

(22) AH C2 語根　調和する要素　　結果　　　　　　意味
 I [gele + -onq] -a ∏ gili =gilinâ
         '彼らは聞いたことがある'
 3p@H hear   Pf 3pS　(onq 内の q は母音調和
           を阻止する。)

(23) AH C3 語根　調和した要素　　　　　　結果　意味
 I[vo- -^k　-e] ∏ víki =víki '彼らは
            行った'
 3pS@H go   SA \

⑷　人称によって交替する母音調和

Mota　a-　hul[a -^k -o]I　　　ot[e -^k -o]I I[tovo -oq] -l-o

Just　3sO leave SA ／ 2p@H stand SA ／ 2p@H 2p@H go up rl Im ／ *

'Mota ahulíki otíki tiviló! 'さあ行こうよ！'

逐語訳：'あなたはそれをすぐやめて，立ち上がっていきなさい'

3.7. 強母音による母音調和

　母音融合の際に保持される母音（強母音）が関わる母音調和は動詞の語幹と１類と２類の目的語接頭辞のみを対象とする。上の表４で示した母音融合の型に従うかたちでこの母音調和では [i]，[u]，[o] が左側に広がっていく。以下の例が強母音調和である。(例中，強母音は注釈では H で記し，アレカノ語表記では母音調和の領域を [ ] で示した。)

⑸　C1 語根　　　H　　調和する要素　　　結果　　意味
　　[mola]-u -v　　　-e -^　∏mulu　=muluvê
　　　　　　　　　　　　　　　　　　　　　'私はそれを置いた'

Verb root (place) 1SH　FM ＼ #

⑹　接頭辞　　　C2 語根　H　調和する要素　　結果　　意味
　　no-　[gele] -i　　　-^ ∏gili　=nogilî '彼／彼女は聞いている'

第 1 章　在来言語の世界

　　　　 Ip　　hear　　　3sSH　#
(27) C1 語根　H　　　　　　　　　調和する要素　　結果　　意味
　　 [mola]-oq -ge -ta -a -´　Πmolo =mologetá
　　 '彼らはそれをあなたのために置いた'
　　 place　　　　rlH　2sBO　B　3pS *
(28) Halópiga　[leme]-ití -o　-h -e -^ lo -^k -o [gele]-u-^moq
　　 Halópiga　descend FtH 1sFt FMQ \ # say　　SA / feel
　　 1SH　　Halópiga limitóhê, lókô gulúmoq. '私は Halopiga ま
　　 で行こうか？私は決めた（私は Halopiga かそれとも別の場所
　　 へ行くかどうかというのを決めた。）'

3.8. 声門閉鎖音と母音調和

　母音間，もしくは母音と子音の間に位置する声門閉鎖音は母音調和を阻止する。

(29) I [　　　gele　　+　-oq]　-a　　-^k　　-e　　^
　　 3p@H　hear　　　　rl　　3pS　　SA　　\　　#
　　 gilíake.　'彼らは聞いた'
(30) I [　　　gele　　+　-onq]　-a　　-^
　　 3p@H　hear　　　　Pf　　3pS　　#
　　 gilinâ.　　'彼らは聞いたことがある'

　以上，言語学において伝統的であり，広く受け入れられている分析方法でアレカノ語の音韻表示を概観した。そのため，より複

57

雑な分析は取り上げず、基礎的な音韻現象を紹介するにとどめたが、特に母音調和に関して詳しく説明することを心がけた。

略語集：

> @, 人称により交替する母音；+, 他の要素が後続する；[^], 文末動詞の超分節接辞／下降トーン；#, 文境界；*, 非文節境界；/, 非文末節，命令形；\, 文末節；1, １人称；2, ２人称；3, ３人称；BO, 授与格の目的語；C1, C2, C3; 動詞のクラス1, 2, 3; F, 文末動詞，事象；Ft, 未来形；H, 調和する母音；Im, 命令形；l, 低いトーン；M, 叙述型 O, 目的語；p, 複数；Pf, 完了相；Q, 質問／疑問；R, 相互形；r, 再述；rl, 同系性；s, 単数；S, 主語；SA, 同一の

4. ヌブニ語のスタイル

　ここからはヌブニ語小方言で用いられる簡略／親密レジスターを記述する。

　レジスター（使用域）は言語、方言、小方言に存在する。時の移ろいや出来事の移り変わりに応じて、レジスターは変化したり、消えたり、生き残ったりする。ヌブニ語小方言にも、特筆すべき簡略レジスターと親密レジスターが多くある。ただし、これらは稀にしか使われない。ヌブニの村の年配の人たちにおこなった多くの聞き取り調査から、通常は使われないレジスターが一部の人々の間で用いられていることが確認された。ある種の発話行為では、（それが発話内行為として、直接か間接かに関わらず）話し手と聞き手が互いに理解している特定の物事に言及するときに、これらのレジスターが使われる。従って、通

第1章　在来言語の世界

常の発話行為で使われることは，めったにない。これらのレジスターに慣れ親しんでいる人は，他の通常のレジスターと全く同じように，日常会話で使っているかもしれない。簡略レジスターと親密レジスターは，普段用いられている概念や事物，語句に対応を表して，逐語的な意味を隠し持つことはできるが，会話においては，文脈に基づく意味が現れる。

　言語は「人間の営みと活力の源であり，人間を理解するには，我々を人間たらしめている言語の本性を理解しなければならない」(Fromkin and Rodman, 1993: 3)。従って，異なる言語コミュニティーの間に意思疎通を可能にする言語があることは極めて重要だ。その一例として，パプアニューギニアのチンブー州チュアブ地区ヌブニ村の人々はその営みの骨子として，ヌブニ語小方言を話している。ヌブニ語小方言は，パプア諸語（非オーストロネシア系）のひとつであるボマイ語の一変種である。

　ウォーフ仮説を穏健な形で採用すると，「言語はその話者が世界をどのように知覚するかを方向づける」と言うことができる（DeCapua & Wintergerst, 2004: 23）。それゆえ，ヌブニの人々は言葉で互いに結びついているので，彼らは語句を適切に発話することができる。Paltridge（2004）では，語句が発語行為（事実，あるいは，逐語的な意味への言及）においても，発話内行為（単語の発語における話者の意図への言及）においても使用されることがかなり詳しく述べてある。レジスターの意味を区別したり，理解したりする能力を保持していない話者は会話においてそれらのレジスターを使うことができない。さもなければ，文法と統語の問題によって，聞き手に意図した意味を与えられ

ないということになる。

　この研究は，ヌブニ村の人々の間でまれにしか使われない特殊なレジスターの存在を確かめるために行われた。この村の小方言の持つ独自の風土を失わずに記録することが肝要であるので，聞き取り調査は数多くの年配の村人に対して行われた。ヌブニの言語コミュニティーの中には，「相互行為とコミュニケーションの型を共有していることが特徴となる，習慣的で頻度の高い相互行為を行う」発話コミュニティーがある (Paltridge, 2004: 63)。この発話コミュニティーは，このコミュニティーに特有で，しかもまれにしか使われない語句に関連した規範，価値，禁忌を共有している。この議論に関係する論点は数多いが，この論文では，特に，簡略レジスターと親密レジスターに焦点を当てる。

　簡略レジスターとは，同僚や友人たちの間で使われる，俗語，口語表現，下品な表現，慣用句などを含んだ非形式体の口語表現のことを指す。これは集団の言語である。つまり，このレジスターを使用するには，その集団の一員でなければならない。例えば，仲間，チーム仲間，チャットやEメール，友人への手紙などである。親密レジスターには私的なコミュニケーションが入る。これは近い家族や親しい人々（何らかの縁戚関係を持つ人々）の間で用いられる。例えば，長老たちや族長たち，夫婦，恋人たち，兄弟，親子などである (Montano-Harmon, n.d)。ここでの議論を通して，ヌブニ語小方言の話者が簡略レジスターあるいは親密レジスターとして用いている語句のいくつかを明らかにする。

第1章　在来言語の世界

5. 成果と議論

聞き取り調査を通して，ヌブニ語小方言で通常，使われている概念や語の代わりに特定の代替表現が用いられていることがわかった。Fromkin and Rodman（1993）は「我々が語や文を無自覚のうちに，話し，理解し，そして，それらについて判断をできることは，我々が言語の規則の知識を持っていることを示している」(p.13) と述べている。このことは，ヌブニ語小方言の特殊なレジスターにおいてはっきり表れている。

5.1. 日常的なレジスターとその用法

表1　ヌブニの人々とその一部が用いるレジスター

日常的に使われる語	代替語句	日常的に使われる語	代替語句
'yai'（男性）	'hiki kowiye'	'doidi'（トウモロコシ）	'doidipapa'
'opai'（女性）	'bopiyen'	'kua'（サツマイモ）	'emi kan'
'dumanom'（年老いた）	'bariyom'	'ami'（ピーナッツ）	'amikarapu'
'boma'（豚）	'gugu'	'pisoro'（塩）	'pigani'
'kei'（犬）	'akoi'	'are'（太陽）	'arepupe'
'gan'（子ども）	'korua'	'korua'（鶏肉）	'korua baikane'
'kua peke'（米）	'keke miyom'	'kuakawa'（雲）	'okomiyom niom'
'dakom'（崖）	'guwom'	'kui'（草）	'kuikan'
'dimambu'（カボチャ）	'diwa'	'komo'（水路）	'kuakomo'
'kopa'（タコノキ）	'kapu niom'	'gawa'（地面）	'gawakua'
'kongo'（石）	'kongokari'	'kakako sunguwa nem'（指導者）	'yaki nem'

表2　口頭コミュニケーションにおける特殊なレジスターの用例

	逐語的意味	文脈的意味	訳
1	'No yai mopnia.'	'No hiki kowiye mopniya.'	(私は男です)。
2	'Ne opai moiniya.'	'Ne bopiyen moiniya.'	(あなたは女性です)。
3	'Kua ta iyawo.'	'Emi kan'ta iyawo.'	(サツマイモを下さい)。
4	'Gan ya ki tekeiyo.'	'Korua ya ki tekeiyo.'	([子供に] 遊ぶのをやめなさい)。
5	'Kopa no.'	'Kapu niom no.'	(タコノキの実を下さい)。

　最初のグループの文は、ヌブニの人々に普段から用いられており、逐語的な意味を持つ。二つ目のグループの文は、文脈に応じて関連性のある意味を持つ。二つ目のグループの語句を使用する際には、文化的背景、聞き手あるいは会話の参加者、状況、そして、特に、使われるときに配慮と注意が払われる。Montano-Harmon (n.d) にも支持されるように、言語レジスターの使用の適切さは、聞き手（「誰に」）、話題（「何を」）、目的（「なぜ」）、場所（「どこで」）によって決まる。あらゆる場面や状況で適切な会話をするには、言語レジスターを使いこなすことが欠かせない。

　DeCapua and Wintergerst（2004）は一歩進んで、「発話行為における違いの多くが、コミュニケーションの相互行為の背後にある文化的規範や想定の違いに組み込まれている」(p. 244) と主張する。つまりは、特殊なレジスターの語句を使った発話はありふれたものではなく、必要な時にのみ使われ、誤用されることはない。話者はこれらのレジスターを使うことの意味を考

慮しなければならない。時に、これらの語句は日常会話でも使われる。これは、会話中に話者がどのような心的状態で話しているのかを他の話者に伝えるためである。同時に、情報構造を話者がどのように理解しているか, 言いかえれば、「話者がメッセージのどの部分が聞き手にとって既知で, どの部分が新情報であると考えているか」(Richards, et al., 1985: 140) が明示される。ある言語において語句や文を発話するのに必要な知識を持っていることとそれを応用することの間に違いがあることは明白だ。これは、「知っていること、すなわち、言語能力とその知識を実際の発話の生産と理解においてどう用いるか, すなわち, 言語運用との違い」(Fromkin & Rodman, 1993: 11-12) である。

次に、ヌブニ語小方言に存在する簡略レジスターと親密レジスターの種類を見てみよう。

5.2. 簡略レジスター

表3 簡略レジスターの例

簡略レジスター	逐語的意味
'keke miyom'	'kua peke'（米）
'yaki nem'	'kakakosunguwa nem'（指導者）
'bariyom'	'dumanom'（年老いた）
'akoi'	'kei'（犬）
'okomiyom niom'	'kuakawa'（雲）

この例の語句は間接発話内行為として用いられている。間接

発話内行為ではその発話から逐語的に示される発話行為とは異なる発話行為が，以下の要因に応じて，表現される。
- 共有された背景知識
- 会話の原理
- 慣習
- 受け手の類推の力（Searle and Vanderveken, 1985）

簡略レジスターでは，語句は適切な文法によって組み合わされることで，聞き手に理解されるべき意味が与えられる。つまり，話し手は発話行為の中で間接発話内行為を用いて，受け手がそれ相応に反応すべき伝言を届ける。受け手がこのレジスターを用いるグループに属していないにも関わらず，この種の会話に加わった場合，言われたことの意味を理解するために大変苦労するだろう。

5.3. 親密レジスター

表4　親密レジスターの例

親密レジスターの例	逐語的意味
'korua'	'gan'（子ども）
'hiki kowiye'	'yai'（男性）
'bopiyen'	'opai'（女性）
'dimambu'	'diwa'（カボチャ）
'kuakomo'	'komo'（水路）

これらは直接発話内行為として用いられる親密レジスターの

第 1 章　在来言語の世界

例である。直接発話内行為で伝えられるのは，発話されたものの語彙項目と統語形式によって逐語的に表される発話の力と命題内容のみである（Searle and Vanderveken, 1985）。例を挙げれば，母親が遊んでいる子供たちに水を汲んで来るように声をかけようとするとき，母親は *'korua ya, ni koinana po'* と言って，ある種の発話の力を発現させるだろう。子どもはこれを聞くやいなや，急いで容器を取って，水を汲みに走っていく。なぜなら，この発話行為は，遊ぶのをやめてすぐに水を汲みに行くように，子どもに直接求めており，子どもがぐずると母親が何らかの行動に出てもおかしくないからである。

　興味深いことだが，ヌブニ語小方言の簡略レジスター及び親密レジスターでは，何らかの語句の代替表現になるものは，英語のようには多くない。英語には，次の例のように，多くの代替語句がある。例えば，'woman' に値する語句がどれだけあるだろうか。'lady'，'chick'，'gal'，'female'，'girl'，'madam' などが挙げられる。あるいは，慣用句について考えてみても，次の全てが 'death' を表すことができる。'kicked the bucket'，'croaked'，'bought the farm'，'passed on'，'passed away'，'crossed over' などである（Carter, n.d）。これらの例から，英語がヌブニ語小方言と比べて，いかに複雑で多様性のある言語であるかがわかる。このように，ヌブニ語小方言は本研究で示したように，限られた数の簡略／親密レジスターしか持たない。

　ヌブニ語小方言は，母語話者によって時たま用いられる簡略／親密レジスターを持つ言語の一つである。残念なことに，全

ての話者がこれら特別なレジスターを知っているわけでなく，限られた人たちのみがこれらのレジスターに熟達しており，必要なときに用いている。これらのレジスターは直接発話内行為と間接発話内行為のどちらにおいても使用される。ただし，簡略／親密レジスターが用いられるときには，その会話における聞き手／話し手，時，状況，場所が考慮に入れられなければならない。これらの不可欠な要素が特殊なレジスターの使用を決定するが，このことにより，話者は発話した語句の一つ一つに神経を使うことになる。話者はその語句が文法的／統語的に問題なく，聞き手に意図した意味を伝えることができることを確信した上で，発話を行う。このように，簡略／親密レジスターを持つ重要な働きは，ヌブニの人々の文化の骨子の一部である。というのも，これらのレジスターはこの社会の持つ規範，価値観，禁忌と結び付いているからである。

参考文献

- Clifton, John M. ed. (1987) *Studies in Melanesian orthographies.* data papers on Papua New Guinea Languages, the function of glottal stop in Gahuku by E. Deibler, Ukarumpa: Summer Institute of Linguistics, Vol. No. 33.
- DeCapua, A. & Wintergerst, A.C. (2004) *Crossing Cultures in the Language Classroom*, The University of Michigan, USA.
- Fromkin, V. & Rodman, R. (1993) *An Introduction to Language (5th Ed.),* Holt, Rinehart & Winston Inc, New York.
- Paltridge, B. (2004) *Making Sense of Discourse Analysis: Making Sense of Language Series – Book 3,* Harding Colour, Brisbane.
- Richards, J., Platt, J. & Weber, H. (1985) *Longman Dictionary of Applied Linguistics*, Longman, England.

Tama, Philip. (2010) Relatedness suffix in Alekano: Ethnographical notes on Alekano. *Language and Linguistics in Oceania* Vol.2 April issue, The Japanese Association of Linguistics in Oceania. pp. 77-80.
Wurm, Stephen A. (1964) Australian New Guinea Highlands Languages and the distribution of their typological features. *Oceanic Linguistics*. No. 2, Winter, pp. 201-292.
Young, Rosemary. (1962) The Phonemes of Kanite, Kamano, Benabena and Gahuku, *Oceanic Linguistics* Monographs 6.

インターネット文献

Carter, C. n.d, *Understanding language registers as a means to more effective communication,* retrieved 10 July 2009,
 <http://slincs.coe.utk.edu/gtelab/learning_activities/30carc.html>.
Montano-Harmon, M. R. n.d, *Developing English for Academic Purposes*, retrieved 8 July 2009,
 <http://www.genconnection.com/English/ap/LanguageRegisters.htm>.
Searle & Vanderveken, 1985, *Speech Act*, retrieved 13 July 2009,
 <http://www.sil.org/linguistics/GlossaryOfLinguisticTerms/WhatIsASpeechAct.htm>.

第 2 章　ピジンとクレオールの世界

2-1 メラネシアとハワイの
　　　ピジン英語の同祖性

クレイグ・フォルカー

訳：土屋智行

1. 導入 [1]

　現代のハワイのクレオール英語とメラネシアのピジン（トク・ピシンなど）は，明確に類似している点が多いため，両者は共通の祖先をもつと推測できる。しかしながら，ハワイのピジン英語とメラネシアのピジンの初期の話者の発話を詳細に観察すると，その類似点は語彙的，形態的な領域にとどまっており，統語的には類似していない。また，この類似点は原始太平洋ピジン英語が祖先であるためというよりむしろ，中国のピジン英語の影響によるものと考えられる。

　メラネシアからハワイへ，まったく不意に訪問する人にとっても，トク・ピシンとハワイのクレオール英語の表層的な類似点は，とくに印象に残るものである。たとえば筆者は，一度目のハワイ訪問の後に，'Royal Kaukau Restaurant'（*kaukau* はハワイのクレオール英語では「食物」を意味し，トク・ピシンでは「さ

つまいも」を意味する）の写真で，パプアニューギニアの友人を楽しませたことがある。また似た話として，筆者がパプアニューギニアからホノルルへ初めて引越しをした際，開かないドアを開けるのを近所の人達が手伝ってくれたことがある。そのときに，彼らは完璧なトク・ピシンで 'Yu no laik yusim hama?' ('You don't want to use a hammer?') や 'No ken brukim, isi' ('Don't break it, slowly!') と言っていたのである。本稿では，まずトク・ピシンと初期のハワイのピジン英語の類似点の根拠となる現象を観察する。この観察をとおして，両者の類似点が，トク・ピシン[2]に代表されるメラネシアのピジンと，現代のハワイのクレオール英語の祖先にあたるハワイのピジン英語の同祖性をどの範囲まで証拠付けるかを検討する。この証拠は，1988年にマリオン・ソノムラによるハワイのピジン英語の類に関する資料から得られる。

　この資料のピジン英語は，彼女の祖父イチヘイ・オダワ氏によるものである。彼は1894年，19歳のときに日本からハワイへ移住してきた。この資料は，筆者によって現代のトク・ピシンと比較され，またVolker（2008）によって標準化された。無論，長年も共に暮らしていない親戚について，誰かにインタビューすることは，全く問題が無いわけではない。文脈もなしに特定の文法構造の例文を考えることは，言語学に造詣が深いインフォーマントであり，かつ言語学の博士課程の学生であるソノムラ氏でも困難である。この問題を解決するために，様々な形式がトク・ピシンで，またときにはソロモン・ピジンで読み上げられ，特定の構造が彼の祖父が話していたものに聞こえ

るようなものがあればそれを伝えてもらった。ある句が記憶を喚起したときに，どの文脈でどの形式が用いられたのかを再構成することを試みた。その後，彼女の家族の手によって，再構成された多くの表現が確認または再検討された。

　この手法の制約は明確である。ソノムラ氏は，聞いたことがあるかどうか定かではない構造を容認しすぎないよう，非常に注意深く検討してくれたが，彼女にインタビューをおこなった時から6年も前に，彼女の祖父は亡くなっているため，彼女の家族の記憶はすべて，一定の度合いまで古びてしまっている。したがって，このような方法で得られた資料は，ある仮定の最終的な根拠とはなりえない。とはいえ，一世紀前に話されていた，記述されていない絶滅言語の片鱗を見ることはできる。これによって，より決定的な証拠に基づいた議論と，さらなる研究を必要とする領域への指摘を実現できることだろう。

2. インタビューからの再構成

　数々の形態的・統語的類似点が，オダワ氏の発話とトク・ピシンとの間に見られるが，音韻的な類似点は比較的少なかった。彼の発音は，母語である日本語の影響を受けているとみられる。たとえば，オダワ氏は /l/ と /r/ の弁別をおこなわず，日本語と同様に両者を単一の弾き音に統合していた。それにたいし，多くのトク・ピシン話者では統合されている /p/ と /f/ を弁別していたようである。また，子音 – 母音の連続は，おおむね

日本語の制約に従っていたようである。

2.1. 語順

オダワ氏は，SOV と SVO の語順をどちらも使っていた。前者は疑いなく彼の母語である日本語の，後者は英語もしくはハワイ語の影響を受けている。典型的な SOV 形式は，

(1) Taim   mi   Japan   go,
    when   I   Japan   go
    '私が日本へ行ったとき，'

であるのにたいし，典型的な SVO 形式は

(2) Yu-fera   gachi   diswan.
    you-PL   get   this
    'あなた達はこれを取りなさい.'

である。

2.2. 名詞句

ソノムラ氏が記憶している文はすべて，同一の名詞句の語順が使われている。すなわち，以下のような限定詞（冠詞，'some' などの不定数量詞または数量詞）＋形容詞＋名詞である。

(3) tufera　　　　gudu　　　　wahine
　　 two　　　　 good　　　　woman
　　'二人の良い女性'

これは英語，トク・ピシンおよびほとんどの SVO 形式のオセアニア言語と同じである。

2.2.1. 名詞

　オダワ氏の名詞句構造がトク・ピシンのものと基本的に同一だったものの，名詞自体は異なっていた。オダワ氏の名詞の多くはハワイ語から派生しているが，彼はハワイ語を話せなかったようである。ソノムラ氏が語った家族の逸話は，オダワ氏がハワイ語起源の名詞を認識できなかったことを示している。オダワ氏が，カリフォルニア州に移住した分家を訪れた際，幼い姪に話しているときに，ハワイ語である *pirikia* 'trouble' という語をもちいた。姪が分からずに混乱していると，彼は驚いて，*'O, yu no save 'pirikia'?!*（'Oh, you don't know 'pirikia'?!'）と言ったそうだ。

　トク・ピシンを含むピジンは，語彙を拡張するために名詞の複合化を行うが，オダワ氏の世代では，一般的に理解されていたハワイ語の名詞が存在していたために，名詞の複合化に慣れなかったようである。たとえば，トク・ピシンの特定の名詞句は，修飾名詞が主要名詞に後続するように構成されている。以下の例がそれにあたる。

(4) haus　　　　buk
　　 house　　　 book
　　 '図書館'
(5) manki　　　　Papua
　　 youth　　　 Papua
　　 '一人のパプア人の若者'

ソノムラ氏は，祖父の発話からこれと類似した構造を思い出すことができなかった。

2.2.2. 限定詞

接尾辞 *-fera* の使用に，メラネシア・ピジンとの類似性をみることができる。(トク・ピシンにおける *-pela* であり，一部の話者は *-fela* と発音する。) オダワ氏の発話には不定冠詞がなかったにもかかわらず，トク・ピシンの語 *wanfera*（トク・ピシンでは *wanpela*）'one' は強調用法として存在していた。興味深いことに，トク・ピシンでは，*wanpela* に制約は存在しないにも関わらず，ソノムラ氏の記憶によると，オダワ氏は *wanfera* を人物にしか使わなかったという。

(6) wanfera　　　man
　　 one　　　　 man
　　 '一人の／ある男'

ソノムラ氏は，*wanfera* と無生物名詞から構成される句は非文法的であると述べた。すなわち，以下のような例である。

(7) *wanfera　　tebol
　　 one　　　　table
　　 'ひとつの／あるテーブル'

　この点を踏まえると，*wanfera* は日本語における「人」のように有生物の名詞の助数詞のように振舞っていたと考えられる。
　またソノムラ氏は，オダワ氏が複数形標識 *ol* を用いていたのを記憶していた。*wanfera* とは違い，*ol* は一つの名詞クラスに限定されていなかった。この複数形標識は，現代のトク・ピシンで使われているが，現代のハワイのクレオール英語では使われていない。

2.2.3. 形容詞

　すでに述べたように，いくつかの構造に関して，トク・ピシンとオダワ氏によるハワイのピジン英語は同じである。その理由は，類似した接尾辞 *-pela / -fera* の使用による。したがって，形容詞構造にも類似性があることは，さして驚くべきことではない。トク・ピシンにあるように，接尾辞 *-pela / -fera* は名詞に先行する形容詞のほとんどに付加される。

(8) *gut-fera* (*TP gutpela*),　　　　　*big-fera* (*TP bikpela*)

good-ADJ　　　　　　　　　big-ADJ
'良い'　　　　　　　　　　'大きい'

トク・ピシンでは，形容詞が状態動詞的であるとき，*-pela* 接尾辞が任意に省略される。それによって，以下の例はいずれも文法的となる。

(9) Man　i　　　gut-pela. / Man　i　　gut.
　　 man　PM[3)]　good-ADJ　man　PM　good
　　'この男性は良い人だ'

この省略は，オダワ氏の発話とは正反対の型の操作であるようにみられる。ソノムラ氏は，オダワ氏が形容詞的状態動詞を含む下の文を，接尾辞 *-fera* をともなって発話していることを覚えていた。

(10) man him big-fera.
　　　man 3SG big-ADJ
　　　'この男性は大きい'

下の句は形容詞が名詞に先行しているが，*-fera* 接尾辞はない。

(11) tu-fera　　gud　　　　wahine
　　　two-ADJ　good　　　woman
　　　'二人の良い女性'

この文では，限定詞 *tufera* 'two' のみ接尾辞 *-fera* を持っている。接尾辞 *-fera* をともなうような名詞修飾型の形容詞の名詞句は観察されなかった。

rerebet（ビズラマ語とソロモン・ピジンの *lelebet*）'very little' と *tomachi*（トク・ピジンの *tumas* 'much'）は，英語の語源を持つ高頻度の形容詞だが，これらはいずれもオダワ氏の発話と現代メラネシア・ピジンの方言のどちらにも出現する。

(12)　rerebet　　mani, omachi pirikia
　　　very.little money much　trouble
　　　'金が少なければ，問題も多くない'

2.2.4. 代名詞

初期のハワイのピジン英語と，トク・ピジンにおける代名詞のシステムの類似性は，とくに興味深い。以下のシステムは，オダワ氏の発話からも再構成されうる。

表1　ハワイのピジン英語代名詞

単数	二数	三数	複数
1 mi	mitufera	mitrifera	mifera
2 yu	yutufera	yutrifera	yufera
3 him	（データ不確定）		

後述する重要な例外と，些細な音韻的違いはあるものの，この

代名詞構造はトク・ピシンや他のメラネシア・ピジンの構造と実質的に同じである。もっとも重要な類似性は，二数と三数を示す接中辞 *-tu-* と *-tri-* である。

オダワ氏の発話とこの二言語の代名詞システムとの注目すべき違いは，一人称複数における包含と排他の差異化がされていないことである。これはメラネシア・ピジン（トク・ピシンの例では，内包の *yumi* と排他の *mipela*），ひいては全てのオセアニア言語の全ての形式にとって重要な区別であるが，日本語にとっては重要ではない。

-fera の使用については，Kessing（1988: 95）その他が中国のピジン英語を取り上げ，特に複数形の接尾辞として論じている。しかし，ハワイのピジン英語での使用となると，Mobley（1938: 8）のアダムとイブのパロディなどのように，20世紀初頭からの資料には言及がなされていたにもかかわらず，先行する文献では言及されていないようである。

再帰形式および疑問形式では，同程度の平行関係はみられない。トク・ピシンと異なり，下の例に示すような，再帰を示す特別な形式はなかった。

(13) Mi   kachi   mi.
     I   cut   I
     '自分で切った（怪我をした）.'

トク・ピシンでは，再帰性を *yet* をもちいて表示する。

第 2 章　ピジンとクレオールの世界

(14)　Mi　　kachi　　mi　　yet.
　　　 I　　 cut　　　I　　 RFL
　　　'自分で切った（怪我をした）.'

しかしながら，方言ごとにメラネシアのピジンの特別な再帰形式が異なる（トク・ピシン *yet*，ソロモン・ピジン *seleva*，ビズラマ語 *nomo* があるが，ビズラマ語はいくつかの方言にとどまる（Tryon 1987: 182））ため，これは本来のメラネシアのピジンの一部ではなく，三つの方言がそれぞれに，比較的遅くに，この形式を独立，発展させた可能性がある。

　疑問文において唯一類似しているのは，共に英語を語彙提供言語としていると考えられるという点である。すなわち，*hu*（トク・ピシンでは *husat*）'who' と *watpo* 'why'（トク・ピシンの方言の一部にのみ現存）である。トク・ピシンにおいて同等のものである *wanem* 'what'（英語の *what name* より）は記録されなかった。ソノムラ氏の報告によると，オダワ氏は *nashite* 'why' や *naze* など日本語から派生した疑問詞をよく用いていた。オセアニア言語やトク・ピシン，日本語のように，英語式の WH 移動は，以下のように義務的ではなかった。

(15)　Yu　　　　laiki　　　wat?
　　　 2SG　　　like　　　 what
　　　'あなたは何が好きですか.'

オダワ氏によって使われていた配分的代名詞は，トク・ピシン

のものと類似していた。たとえば，'Each one' は，*wanfera wanfera*（トク・ピシンにおける *wanpela wanpela*）と表現されたが，ソノムラ氏は，オダワ氏が *wanman wanman* と話していたことを覚えていた。この特徴は，トク・ピシンと並列していないにもかかわらず生じていた。それと同様に，'the one... the other' は narafera... narafera と表現されており，ちょうどトク・ピシンの narapela...narapela と同じであった。

2.3. 動詞句

再構成されたオダワ氏の発話の動詞句をみると，対応するトク・ピシンの表現と類似している点と異なっている点の両方が確認された。先に述べたように，オダワ氏の語順は SVO と SOV の両方が存在している。したがって，動詞句内の構成要素の順序は，SVO 語順を用いている場合のみトク・ピシンと同じであった。この2つの語順のどちらがハワイのピジン英語の動詞句構造の基盤を実際にあらわすのかは，今後分析が必要である。しかし，この段階では，オダワ氏の発話とトク・ピシンの動詞句の間にあるいくつかの相違点を定めることは可能である。

2.3.1. 動詞

オダワ氏の発話から出てきた動詞自体は，英語（前の例における *laiki* 'like'）とハワイ語（*hanahana* 'work'）から出てきている。また幾つかの動詞は，トク・ピシンが語源のものもみられる

(*kaukau* 'to eat')。オダワ氏による語形成については，語の反復はあまり生産的なストラテジーであるようにみえない。数少ない例外はあるが，それらはハワイ語からの借用語に限られた。これは他動／自動のペアとして英語から派生した語を反復させるトク・ピシンとは相対する特徴である。

(16)　was-im　　／　was-was
　　　wash-TR　　wash-wash
　　　'何かを洗う'／'洗う'
(17)　tok-im / toktok
　　　talk-TR talk-talk
　　　'言う'／'(一緒に) しゃべる'

2.3.2.　他動詞

　オダワ氏が発話でもちいていた実際の動詞について，もっとも明らかな違いは，他動詞の接尾辞 *-im* が欠けていることだろう。オダワ氏の発話では，*givim*（例(18)を参照）以外は *-im* が欠如していた。おどろくべきことに，この用法は 19 世紀初頭のハワイ語の発話であることはすでに十分な根拠とともに示されている（Keesing 1988: 119）。また本稿の冒頭の文章でも述べたように，現代のハワイのクレオール英語においても *-im* または *-om* はこの機能を持っている。Keesing（1988: 119）によると，他動詞の接尾辞と義務的な他動性と自動性の区別は，トク・ピシンと他のメラネシア・ピジンの形式の「オセアニアの特質として明白な証拠」であると述べている。

2.3.3. 述語標識

他にメラネシアのピジンの動詞句体系としてみられる明確な特徴として，述語標識である *i* またはビズラマ語の *ol i* があるが，これらはオダワ氏の発話から欠けているようである。Keesing（1988: 143–170）では，この「述語標識がオセアニアの主語参照型の代名詞である」，すなわち主語の人称と数にたいして同一指示性をもつような動詞句接語だと解釈しうる証拠が与えられている。例 (10) にあるようなオダワ氏の *him* の用法が，この用法を反映していると考えることは可能である。だが，再構成されたわずかな文のサンプルから，これを確認することは可能ではない。これが実際に述語標識，または主語参照型の代名詞であるとしたら，例 (18) や (19) に示すように一人称または二人称の述語標識をもつことはないだろう[4]。

(18) Mi   give   yu   kaukau.
     I   give   youSG   food
     'あなたにいくらか食べ物をあげよう.'

(19) Yu-fera   olsem   haole.
     you-PL   similar   white.person
     'あなた達はまるで白人のようだ.'

二つの主語をもち，かつオセアニアの主語参照型の代名詞のように振る舞う要素をもつ文は以下のようなものであった。

(20) Mi   yu   mama   tufera   go.

1SG　　　2SG　　　　mother　two　　　go
　　'あなたのお母さんと私は二人ともこれから出かける．'

このような文における *tufera* が，実際に主語参照型の代名詞であることを確認するためには，さらなる分析が必要である．なお，日本語においても，文脈が明らかな場合，随意的かつ一般的に主語が捨象されるという特徴がある．この特徴によって産出される文は，オセアニア言語の代名詞に関する特徴，すなわちゼロとして認識される主語参照型の代名詞を持つことによって産出される文に類似している．したがって，以下の文において，文主語が明確に欠落するという現象は，オセアニアからの派生（一人称の主語参照型の代名詞がゼロとなった結果）であるとも，また日本語からの派生（談話から制約を受けるような主語の消失規則の結果）であるとも考えられる．

(21)　Nufu　　 kaukau,　　 baimbai　　slip.
　　　when　　eat　　　　　FUT　　　 sleep
　　'食べ終わったら，寝よう．'

2.3.4. 時制と相の体系

　オダワ氏の時制と相の用法は，トク・ピシンと彼の母語である日本語とを比較した場合，きわめて簡単である．たとえば，*stap* という単語は，オダワ氏の発話をみると，独立した単語として記憶されていたにも関わらず，以下のトク・ピシンの文にあるように，継続相の標識がある構文では記憶されていない．

⑵ | Mi | wok | i | stap.
| --- | --- | --- | --- |
| I | work | PM | DUR |

'私は今働いている．'

それと類似して，ハワイのクレオール英語やトク・ピシンにおいて過去の時制の標識として用いられる *bin* をオダワ氏が用いたことは，ソノムラ氏の記憶にはない．

　再構成されたトク・ピシンと共通する点としては，オダワ氏がハワイ語から派生した *pau* によって，非継続の完了相をあらわしていたことである．この形式は，トク・ピシンにおける *pinis*（英語の *finish*）の用法と類似している．このような *pau* の使い方は，ハワイのピジン英語としては，少なくとも 1835 年には用いられていることが確認されており，ほとんどのオセアニア言語に存在する不変化詞を反映したものであると考えられる（Keesing 1988: 14）．

　もうひとつの類似性としては，例 ⑵1 に挙げたような未来または非現実相の標識 *baimbai* である．ほとんどのトク・ピシン話者は，この標識の縮約形である *bai* を好むが，まだ用いられている．トク・ピシンでは，未来または非現実相として *bai* または *baimbai* を用いるかは，選択的である．これは下の例が示すように，オダワ氏の発話においても同じである．

⑵3 | Hanahana pau, | | orait, | yu-fera | slip.
| --- | --- | --- | --- | --- |
| work | CMPL | all.right | 2-PL | sleep |

'あなたが仕事を終えたら，寝るだろう．'

2.3.5. 連続動詞

メラネシアのピジンで方向をあらわす連続動詞 (i) *kam* 'hither' と (ii) *go* 'yon' も，オダワ氏の発話から再構成された．下の2例がそれにあたる．

(24) Yu-fera   kachi   diswan   kam
　　 2-PL   catch   this   come
　　 'みんな，これを持っていきなさい．'

(25) Gachi   diswan   go!
　　 catch   this   go
　　 '向こうにあるのを持っていきなさい．'

Kachi / *gachi* は，英語の *catch* から生じ，現在のハワイのクレオール英語において 'take' を意味し，メラネシアのピジンの *kisim*（トク・ピシン）と *kasem*（ビズラマ語）の語源であると考えられる．ソノムラ氏は，前置詞派生の連続動詞の形式，たとえばソロモン・ピジンやビズラマ語の *agensem* 'against', *raonem* 'around', そして *wetem* 'with' などを思い出すことはできなかった．

2.3.6. 副詞

副詞におけるオダワ氏とトク・ピシンの一致点は，形容詞のそれよりも多くはない．だが否定疑問文に対する 'yes' と 'no'

の用い方には驚くべきものがある.トク・ピシンと日本語は,否定疑問文への答えとして 'yes we have no bananas' という構文を用いる.このとき,'yes' と 'no' は疑問文に対する話者の同意または不同意について言及する.英語で言えば,言及そのものよりも,言及に対して 'yes, you are right' や 'no, you are wrong' と述べるものである.トク・ピシンでは,例(26a)への解答として(26b)と(26c)を示す.

(26a) Yu　　　　no　　　　dringim　wara?
　　　you: SG　no　　　　drink　　water
　　　'あなたは水を飲んでいないのか.'

(26b) Yes,　　　mi　　　no　　　dringim.
　　　yes　　　I　　　　no　　　drink
　　　'はい,(あなたの言っていることは合っていて,)飲んでいない.'

(26c) No,　　　mi　　　dringim.
　　　no　　　I　　　　drink
　　　'いいえ,(あなたの言っていることとは違い,)飲んでいる.'

このタイプの応答は,現代のハワイのクレオール英語,とりわけ子供の話者に見られる.しかし,ソノムラ氏は,例(26a)と同じような質問への応答として,オダワ氏が例(28)ではなく,例(27)のような返答をおこなっていたと報告している.

⑵7)　No,　　　　mi　　　　drinku.
　　　 no　　　　I　　　　 drink
　　　'いいえ，（あなたの言っていることとは違い，）飲んでいる.'
⑵8)　*Yes,　　　 mi　　　 no　　　drinku.
　　　 yes　　　　I　　　　no　　　drink
　　　'はい，（あなたの言っていることは合っていて，）飲んでいる.'

もう一つの違いとして挙げられるのは，英語のどの語を近接性の副詞の語源として選んでいるかという点である．メラネシアのピジンでは，この副詞は英語の *close* から来ている．すなわち，トク・ピシンの *klostu*（*close to* から），ビズラマ語の *klosap*，そしてソロモン・ピジンの *kolsap*（後二つは *close up* から）である．対してオダワ氏は，*preresun*（*pretty soon* から）を用いていた．

　トク・ピシンとソロモン・ピジンが，表現のかたまりとして英語から借用してきた副詞に *ating* 'maybe'（*I think* から）がある．この副詞について，下の例のような発話をオダワ氏がおこなったと，ソノムラ氏は記憶している．

⑵9)　Ating　　　mi　　　Japan　　go
　　　maybe　　　I　　　Japan　　go
　　　'もしかしたら私は日本へ行くかもしれない.'

現代のハワイのクレオール英語の *maetbi*（*might be* から）またはソロモン・ピジンの *maet*（*might* から）はオダワ氏の発話と

しては記憶されていなかった。

2.4. 前置詞

　動詞にたいする前置詞に加え，メラネシアのピジンにおいて顕著なのは，時空間標識の *long* と属格標識の *bilong* である。*long* はオダワ氏の発話からは，それ自身としてもまた他の前置詞との連結としても再構成されなかった。

　メラネシアのピジンでは，前置詞 *antap* 'above' には必ず *long* が後続しなければならない。これは，特定の意味を持つ空間の前置詞について，名詞のように振る舞い，「本当の」前置詞が後続するというオセアニアのパターンを受けている。したがって，たとえばハワイ語では，空間の前置詞には下の例のように，*o* 'of' が後続する。

(30) lalo　　　　o　　　ke　　　kumula'au
　　 under　　　of　　　ART　　 tree
　　 '木の下'

このパターンは，例 (31) のように現代のハワイのクレオール英語にも引き継がれている。

(31) andanit　　　a　　　da　　　chri
　　 under　　　 of　　　the　　　tree
　　 '木の下'

したがって，オダワ氏がこの構文を用いなかったというのは少々驚きである。

また *long* は，メラネシアのピジンでは，間接目的語を示すのに用いられる．

(32) Mi　givim　　kaikai　　long　　yu
　　 I　 give　　 food　　 LOC　　 you: SG
　　 'あなたに食べ物をあげよう．'

オダワ氏は，前置詞よりも語順を用いて間接目的語を表現していた．

(33) Mi　　givim　　yu　　　　　kaukau．
　　 I　　 give　　you: SG　　 food
　　 'あなたに食べ物をあげよう．'

それに対して，*bilong* の使用は，オダワ氏の発話では目立っている．*brong* と発音され，メラネシアのピジンのように，所有を表すのに用いられていた．

(34) Him　　　haus　　brong　　mi
　　 3SG　　 house　 POSS　　 I
　　 'これは私の家だ．'

メラネシアのピジンでは, *b(i)long* は例(35)や(36)のような限定用法に用いられる。

(35) wara   bilong dring
  water   POSS   drink
  '携帯用の水'

(36) meri   bilong toktok
  woman POSS   talk
  '女性のうわさ話'

ソノムラ氏は, オダワ氏がそのような *brong* の発話をおこなっていたかどうかは記憶していなかった。彼女が覚えていたのは, オダワ氏はハワイのピジン英語を話していた際, 日本語の後置詞をたびたび用いていたことである。下の例の, 日本語の「まで」のような発話例がそれにあたる。

(37) Mi stap ten klok   made.
  I stay ten o'clock until
  '私は十時までここにいる.'

後置詞は日本語のようなSOV言語の特徴であるので, 興味深い。オダワ氏は頻繁にSOV語順を用いていたが, この例で彼は, 後置詞ではなく前置詞の使用が求められるSVO語順を用いていた。これは, 彼の文のすべての表象が, SVOではなくSOVであったことを示唆している。

2.5. 接続詞

オダワ氏の接続詞の使用と，メラネシアのピジンにおける接続詞の使用の共通点としてもっとも目立つのは，'the same as' を意味する *olsem* である．例 (38) または例 (39) のような全体接続がそれにあたる．

(38) Yu-fera   olsem   haole.
　　 you-PL   similar   white.people
　　 'あなたは白人の人たちと同じだ．'

(39) Yu   hanahana diswan. Olsem hanahana nau...
　　 you: SG work   this   similar work   now
　　 'この仕事をしてください．そしてそれが終わったら...'

olsem またはその別形は，英語の *all the same* から派生しており，1835 年のポリネシアでその存在が確認されている（Keesing 1988: 14）．今日のメラネシアのピジンでは，*olsem na* 'therefore' や *olsem wanem* 'why' など，*olsem* を用いた複合接続詞が存在する．これらのいずれも，オダワ氏の発話にあったかどうかはソノムラ氏は記憶していなかった．

もうひとつ，オダワ氏とメラネシアのピジンに共通の接続詞として *sapos* 'if' がある．この接続詞もまた，20 世紀初頭のハワイのピジン英語において存在が確認されている（Keesing 1988: 108）．

同様に，メラネシアのピジンとオダワ氏の発話は，下の例の

ように, *taim* を接続詞として用いていた.

(40) Taim   mi   Japan   go
     when   I   Japan   go
     '私が日本へ行ったら...'

類似して用いられていた接続詞のなかで三つ目は, 英語の 'then' にあたる *orait* である. 下の例がそれにあたる.

(41) Hanahana   pau,   orait,   yu-fera   slip
     work   finish   then   you-PL   sleep
     '仕事が終わったら, あなた達は寝られる.'

3. 分析

　Keesing (1988) は, 原始太平洋ピジン英語を仮定している. これは, ヨーロッパが太平洋へ展開していった時代の初期に, ヨーロッパ人や太平洋の様々な諸島住民との接触が船舶や太平洋沖の港でおこなわれた結果, ミクロネシアとポリネシアで始まった英語であるという. この初期のピジン英語は, 明確な東オセアニアの文法的枠組みを持っており, 多かれ少なかれヨーロッパとの貿易の中心として損なわれずに残存した. したがって, ピジン英語は, メラネシアを含む西太平洋へシフトしていった. 同時に, このピジン英語を学習したヨーロッパ人は (およ

びおそらくアジア人も）このオセアニア的特徴を，自分たちの言語の文法を基に解釈したか，あるいはこの異なる特徴を理解せずに終わったと考えられる。

　この仮説は，ハワイのピジン英語が共通の原始太平洋ピジン英語を起源として持っており，それが1870年前後，すなわちGoodman（1985）がハワイのクレオール英語のはじまりとしている時代に，水夫やキリバスの農民たちによってハワイへ持ち込まれたと議論している。オダワ氏の発話とメラネシアのピジンに，数多くの印象深い共通点が存在するのは事実である。しかし，はっきり疑問として感じるのは，この共通点が果たして収束によるものなのか，借用によるものなのか，あるいは共通の祖先によるものなのか，という点である。Keesingの理論では，後者のみが証拠となる。

　もっとも印象的な共通点として，非・単数形の代名詞の標識としての接尾辞 *-fera / -fela*，限定詞，特定の位置における形容詞，所有をあらわす *brong / b(i)long*，接続詞 *sapos* と *olsem* の使用，そして方向性を示す連続動詞を挙げた。これらの共通点は，強い印象を与えるものではあるが，これらはオダワ氏のピジン英語の発話がオセアニア起源であることを示す決定的な証拠とはならない。たとえば，*-fera* は中国のピジン英語にも存在するため，その存在は単体としてオダワ氏のピジン英語とメラネシアのピジンの起源に関するつながりを証拠付けるものではない。二つの大きな違いとしては，オダワ氏は *-fera* を人の類別詞として用い，名詞に直接先行する形容詞には接続しないのに対し，メラネシアのピジンでは，*pela / -fela* は類別詞では

なく，名詞に先行する形容詞に接続しなければならない。

また類似した点として，*brong / blong / bilong* と *olsem* は，オダワ氏のピジンにも，メラネシアのピジンにも見られるが，この用法の起源は中国のピジン英語まで遡ることができる。オダワ氏の発話における，方向性を持つ連続動詞は，メラネシアのピジンのそれと非常に類似しているが，また別の起源である可能性もある。中国語と，オダワ氏の母語である日本語において，方向性を持つ連続動詞に，いくつか類似したものが存在する。例 (42) や例 (43) のような文は，メラネシアのピジンの逐語訳とも見えるが，実質的には，同程度に中国語の逐語訳とも見ることができ，さらに日本語の逐語訳とも非常に近い。したがって，この構文はメラネシアのピジンとハワイのピジン英語の共通の祖先を示す決定的な証拠と考えることはできない。

(42) Yu-fera　　　hapai　　　diswan　　kam.
　　 you-PL　　　bring　　　this　　　come
　　 '君たち，あれを持ってきてもらえるか.'

(43) Yu-fera　　　gachi　　　diswan　　go.
　　 you-PL　　　take　　　 this　　　go
　　 '君たち，これを持って行きなさい.'

この二つのピジンにはいくつかの相違がみられるが，その相違はオダワ氏の発話にオセアニア以外の言語構造が基盤にあることを示している。もっとも重要な点は二つある。一つは，動詞に接続する義務的な他動性の標識がないという点，もう一つは，

非単数の代名詞において包含と排他の区別をおこなっていない点である。この二点は，オセアニア言語においては重要な特徴である。Keesing（e.g., 1988: 98ff）は，この二つの点がメラネシアのピジンに存在することを示した。それによって，彼はメラネシアのピジンの基盤の構造にオセアニアを起源としたものが存在すると述べたが，オダワ氏の発話にこの二つの特徴が欠如していることは，メラネシア以外の構造が存在することの重要な証拠となる。

4. 結論

　したがって，オダワ氏の発話において，個々の語や形態素はメラネシアのピジンと共通の祖先を持っていると言うことはできるが，メラネシアのピジンと違い，オダワ氏の文法の基盤にある構造は，オセアニアを起源とはしていない。疑問文など，語源が同じ形態素や語彙素のいくつかは，共に英語による大きな影響の結果である。しかし，その他については，中国のピジン英語から来ており，それがオダワ氏による初期のハワイのピジン英語とメラネシアのピジンが同一の起源としてつながっていると見せかけているように考えられる。したがって，オダワ氏の発話は，ハワイのピジン英語とメラネシアのピジンが共通の祖先を持っているという証拠とはならないと結論付けねばならない。

注

1) 本分析でもちいたデータの作成にあたって,ソノムラ一家,とりわけソノムラ・マリオン氏に根気よくご協力をいただいた。ここに記して感謝を申し上げたい。また,本稿のデータの録音と分析にかかわる不備はすべて著者によることを明記しておく。なお本稿は *Language and Linguistics in Oceania*, Vol. 1 pp. 13-30(April 2009)の全訳である。
2) トク・ピシンを分析例および基準として扱うことは,Kessing(1988)の主張を否定することを意味しない。Kessing の主張は,より保守的なソロモンズ・ピジンやビズラマ語とくらべても,トク・ピシンはメラネシアのピジンから逸脱しているというものである。トク・ピシンを選んだのは,ただ他のメラネシアのピジン方言よりも広く知られているからであるということと,標準表記法(*Buk Baibel* および Volker(2008)で用いられたもの)が,本稿で書かれたハワイからのデータのオド表記法により近いためである。
3) 以下の省略形が,本稿において使われている:1 一人称;PL 複数形標識;2 二人称;PM 述語標識;3 三人称;POSS 所有標識;CMPL 完了相標識;RFL 再帰形標識;DUR 継続相標識;SG 単数;FUT 未来標識;TP トク・ピシン;LOC 所格標識;TR 他動性標識
4) Karen Watson-Gegeo(私信)の指摘によれば,少なくともひとつのオセアニア言語,すなわちソロモン島のクワラ・アエ語では,一人称と二人称の接尾辞の使用は随意的である。

参考文献

Bible Society of Papua New Guinea. (1989) *Buk Baibel*. Standard Edition. Port Moresby: Bible Society of Papua New Guinea.

Crowley, Terry. (2003) *A New Bislama Dictionary*. Port Vila: Institute of Pacific Studies, University of the South Pacific.

Goodman, Morris. (1985) Review of D. Bickerton 'Roots of Language'. *International Journal of American Linguistics* 51:1, 100-137.

Keesing, Roger. (1988) *Melanesian Pidgin and the Oceanic Substrate*. Stanford: Stanford University Press.

Mobley, Milly Lou. (1938) *Me Spik English*. Honolulu: Honolulu Star–Bulletin, Ltd.

Simons, Linda and Hugh Young. (1978) *Pijin blong Yumi*. Honiara: Solomon

Islands Christian Association.

Tryon, Darrell. (1987) *Bislama: an Introduction to the National Language of Vanuatu.* Canberra: Pacific Linguistics D-72.

Volker, C. A. (2008) *Oxford Papua New Guinea Tok Pisin English Dictionary.* Melbourne: Oxford University Press.

Warner, Sam No'eau (1988) Hawaiian Influences on Syntactic Features of Hawaiian Creole English. Lecture at the University of Hawai'i, 29 September 1988.

2-2　トク・ピシンの無生物主語構文

岡村　徹

1. 序論

　トク・ピシン（ピジン語）はパプアニューギニア最大の共通語である。その正確な話者人口はわからないが，少なくとも都市部を中心に，300万人以上が話すと思われる。トク・ピシンには主に二つの変種，それぞれ Urban Pidgin と Rural Pidgin とがある。今日，トク・ピシンが在来の言語を消滅の危機に追いやっているとの報告を頻繁に聞くほど，その文化的・社会的機能は拡大している。

　さて，ここではトク・ピシンの無生物主語構文の特徴を観察する。その際，従来の言語理論を検証しながら考える。トク・ピシンは受動文を持たない言語なので，日本語ほど表現に幅がなさそうに見えるが，'風邪をひいた' は，トク・ピシンでは二通りの表現が可能である。1人称を主語にした例文(2)は，(1)のように無生物主語構文にすることができる。例文(2)は(1)より口語的な表現であるように思えるが，どちらも同じくらい一般

的であると口にするニューギニア人は多い。多少，場面により使われ方が異なるとも思われる。

(1) Kus   i   kisim   mi.
    風邪   PM   得る -TR 1sg
    'I have a cold.'   Mihalic (1971: 117)
(2) Mi   gat   kus.
    1sg   持つ 風邪
    '私は風邪をひいている'   岡村（2007: 109）

例文(2)の *gat* は，日本語で言えば，'ある'，'いる'，'持つ'などと訳される。この *gat* を使って，無生物主語構文化が可能なのは，状態の変化を伴う場合であろう。上記の例で言えば，'風を引いていない状態' から '風を引いた状態へ'，'病気でない状態' から '病気を発症した状態へ' の変化である。したがって，例文(3)のように '熱がある' という場合も，体温が通常よりも高い，すなはち，'熱のない状態' から '熱がある状態' への変化を表すので，無生物主語構文化が可能である。

(3) Mi gat fiva.   '熱がある'
(4) Fiva i kisim mi. '同上'

この *gat* は，所有傾斜（後述する）の上のほうで無生物主語構文化が可能である。'熱' や '健康状態' は属性に分類される。また，日本語のように，存在を表すときに＋生物か−生物かで，

動詞 *gat* の形態の区別は行わない（例は省略）。さらに日本語の'ある'と同様，所有を表現できる。また，「ある」が所有を表す時，無生物だけでなく，人間の所有にも使われる。身体部位を使った表現の中に特殊な意味があるが，トク・ピシンでも同様のことが観察できる[1]。ちなみに，トク・ピシンの *gat* は所有傾斜の全ての類で用いられる。

しかし例文(1)と(2)はどう違うのか，実は誰も明らかにしていない（Mihalic 1971, Sadler 1973, Dutton 1973）。議論に入る前にまずトク・ピシンの無生物主語を使った構文の種類を観察しておきたい。

2. トク・ピシンの無生物主語構文

トク・ピシンの他動詞文は一般に他動詞接尾辞を伴い，SVO型語順をとる。次の例は主語に人間や動物がきた場合である。例文(5)の *Wagaia* 'ワガイア'と *Gonduan* 'ゴンデュアン'は固有名詞，*snek* '蛇'は動物名詞，*mi* '私'は1人称の代名詞である[2]。

主語が人間の場合：

(5) Wagaia   i   kilim   Gonduan.
    ワガイア   PM   殺す-TR   ゴンデュアン
    'ワガイアがゴンデュアンを殺した'   岡村（2009: 34）

主語が動物の場合：

(6) Snek   i   kaikaim   mi.

第2章　ピジンとクレオールの世界

| 蛇 | PM | かみつく -TR | 1sg |

'The snake bit me.'　　　　　　　　　　　　　　Mihalic (1971: 102)

また例文(7)のように主語に虫がくることもできる。

主語が虫の場合：

(7) Natnat　　i　　kaikaim　　　　　　　mi.
　　蚊　　　PM　　（血を）吸う -TR　　1sg
　　'A mosquito bit me.'　　　　　　　　　　　Mihalic (1971: 140)

日本語の場合，この種の言い方（例文7）が困難になる。通常は例文(9)のように受身の助動詞を使ったほうが自然な文である。日本語は，角田（1990）にもあるように，名詞句階層（第5節）で言えば，動作が低い方から高い方へ（右側から左側へ）向かった場合，能動文は嫌われる。

(8) ?蚊が私（の血）を吸った。
(9) 私は蚊に血を吸われた。

無生物に分類される植物名詞は他動性が高いと思われる原型的他動詞とも共起するし，それ以外の他動詞とも共起する。また例文(10)は，動作が低い方から高い方へ向かっている。

主語が植物の場合：

(10) Bilinat　　i　　kilim　　　　mi　　pinis.

103

| ブアイ | PM | 殺す -TR | 1sg | ASP |

'The betelnut has made me sick.'　　　　　Mihalic (1971: 110)

無生物名詞の中で，自然の力の名詞は抽象名詞や地名よりも高い階層に位置する。次の例は「自然の力の名詞」が主語となっている例である。*san* '太陽'，*ren* '雨'，*paia* '火'，*klau* '雲' などがよく動作主に立ち，動作の対象が人間であっても何ら問題はない。下記の例は動作の対象がすべて人間である。

(11) | Paia | i | kukim | mi. |
| 火 | PM | 料理する -TR | 1sg |

'The fire burnt me.'　　　　　Mihalic (1971: 146)

(12) | Ren | i | wasim | mi. |
| 雨 | PM | 洗う -TR | 1sg |

'I got wet in the rain.'　　　　　Mihalic (1971: 164)

これらを日本語にして考えると，きわめて不自然な文になる。つまり翻訳調の日本語になり初級の日本人トク・ピシン学習者が訳す日本文のようになる。上の文が翻訳調で，下の文が自然な文である。日本語では，階層のうえで，動作者の方が動作の対象より高い場合には，能動文が使われる。したがって，次の(13)，(15)は日本語母語話者にとって違和感を伴う。通常は(14)，(16)のように言うであろう。

(13) ?火が私を料理した。

⒁　私は火傷をした。
⒂　?雨が私を濡らした。
⒃　私は雨に濡れた。

　石綿・高田（1990）は，日本語の他動詞構文の主語は +animate がくるのが一般的であると述べている。さらに日本語は人間を中心とした表現になることが多いと指摘した（例文18）。

　しかし日本語は実際には，不自然でない無生物主語の他動詞文がたくさんあることが角田によって指摘されている。

⒄　That epispode drew Amaranta out of her delirium.

石綿・高田（1990: 106）

⒅　この出来事でアマランタは悪い夢からさめた。

石綿・高田（1990: 106）

⒆　津波が三陸地方を襲った。　　　　　角田（1982: 206）

例文⒆は，動作が「自然の力」の名詞から「地名」に向かっている。つまり階層の高い方から低い方へ向かっている。角田は名詞句階層理論が反映しているとする。

　さらに熊（2009）は，文学作品と新聞社説を対象に，多くの無生物主語他動詞文が日本語にあることを実証的に示し名詞句階層理論がどの程度反映しているかについて調べた。

　トク・ピシンも英語と同じくらい，あるいはそれ以上，無生物主語を好む言語と言ってもさしつかえないだろう。トク・ピ

シンは比較的主語性の強い言語である。

　トク・ピシンの基本語順については SVO 型，前置詞型，名詞＋属格，形容詞＋名詞，となり，その類型的な特徴は印欧諸語などと共通する。しかしその他の語順については，疑問文を表す方法，特殊疑問文，条件節と主語の関係，否定文を表す方法など，厳密に見ると例えば英語と同じではない。

　無生物主語の構文は，トク・ピシンでも一般的である。下記の例文(20)は guria '地震' が「自然の力」の名詞を表し，haus '家' が「抽象名詞」である。つまり動作が高い方から低い方へ向かっており何ら問題がない。名詞句階層理論が反映した例である。

(20)　Guria　　　　i　　　　bagarapim　　　　haus.
　　　地震　　　　PM　　　破壊する -TR　　　家
　　　'The earthquake ruined the house.'　　　Mihalic (1971: 91)

　これを日本語で検証してみると，「自然の力」の名詞が主語になる(21)はやや不自然さが残る。名詞句階層で言えば，主語名詞句の '地震' が「自然の力」の名詞，目的語名詞句の '家' が抽象名詞なので許容されるはずのものである。この場合，例文(22)にあるように，家が崩壊した原因や理由を 'で' を使って表すほうが自然である。

(21)　?地震が家を崩壊させた。
(22)　地震で家が崩壊した。

以上，トク・ピシンの無生物主語構文を概観した。次の第3節では，ピジン語（トク・ピシン）話者の無生物主語構文に対する容認可能性について考えてみたい。

3. ピジン語話者の直感

　ピジン語の場合，それがクレオール化している場合には，母語話者ということばが使えるが，そうでない場合はピジン語話者，あるいは単にピジン語使用者と言わなければならないであろう。ニューギニアの場合，トク・ピシンがクレオール化しつつある地域が増えていることも事実である。筆者自身在来言語を話さない，ニューギニア人に出会う機会が増えた。特に都心部にそうした話者が多い。しかし多くは在来言語を母語とし，トク・ピシンを共通語とする話者である。以下の資料も，トク・ピシンの母語話者としての判断ではないことに注意されたい。

3.1. 面接調査

　ニューギニアに滞在中，多くのニューギニア人に冒頭に取り上げた，例文(1)と(2)のどちらの文をよく使うか，尋ねた。その結果として，代表的な資料を二つ紹介したい。
　一人目の資料提供者は，旅行会社で働く30歳の男性である。

オーストロネシア諸語の一つである，モツ語を母語とする。彼によると，両方とも一般的な表現だが，(1)のほうをよく使うと答えた。実はモツ語も(1)の語順で表現する（例文23）。(2)のような言い方はモツ語には存在しない。つまり母語による干渉がはたらいていると見ることができる。沿岸部の人々は(1)の表現をより多く使うと答えた資料提供者が他にもいた。これはトク・ピシンに地域差があるとも言えるが，オーストロネシア諸語にも二つの語順を有する言語があるなど複雑な言語事情を抱えている国ならではの結果であると言えよう。

(23) | Kuru | se | e | abi= | gu. |
|---|---|---|---|---|
| 風邪 | PM | PAST | とらえる | 私 |

'風邪をひいた'

　二人目の資料提供者は，ラバウル生まれでポートモレスビー育ちの女子学生である。小さいときにオーストロネシア諸語の一つである，クアヌア語（トライ語）に接したが，現在ではほとんどクアヌア語を話さないという。彼女は(2)のほうをよく使うようだ。

　以上の事例から，いくつかのことが理解できる。まず最初にOV型の言語（モツ語）は(1)を，VO型の言語（トライ語）は(2)を愛用文型とすることに気づく。どちらもオーストロネシア語であるが，語順が異なる[3]。

　次は，この二人の資料提供者に対象を絞り，無生物主語構文の許容度について考える。

第2章 ピジンとクレオールの世界

3.2. 無生物主語構文の許容度

　文学作品[4]に生じる無生物主語の構文は，OV型言語話者とVO型言語話者とで，許容度に多少の開きがある。例文(2)を愛用文型とする話者のほうが，無生物主語構文に対して全般的に辛口の採点をする傾向があることがわかる。さらに文レベルでの無生物主語の文であるためか，違和感をもつと判断した文も多々あることがわかる。これが談話レベルになれば許容度も高まると考えられる。

　まず許容度に大きな差の出た文は以下の1)と2)の文である。数字はそれぞれの文に対する許容度を指す。（5　とても良い　4　良い　3　ふつう　2　あまり良くない　1　とても悪い）。主語名詞と目的語名詞の意味および位置がわかるよう直訳を記した。（　）内は前半部がモツ語母語話者，後半部がトライ語母語話者が行った判定である。

1)　Rop（そら豆の群生）i painim het（頭）bilong mango.（4/2）
　　「直訳：そら豆の群生がマンゴーのてっぺんをさがした」
2)　Glas（鏡）i no ken tekewe doti（汚れ）.（5/2）
　　「直訳：鏡は汚れを取り除くことはできない」

次に，許容度にわずかに差が出た文は以下の3)と4)である。

3)　Sampela ples（村）i save kukim bel（腹）bilong garamut long paia.（3/2）

「直訳：いくつかの村は火を使って太鼓の芯の部分をつくる」
4)　Sin（罪）i save bagarapim yumi（私たち）.（5/4）
　　　「直訳：罪は私たちを滅ぼす」

最後に，許容度が同じ文は以下の5)と6)である。

5)　Bikpela klau（雲）i haitim het（頭）bilong olgeta maunten.
　　（4/4）
　　　「直訳：大きな雲が山頂を隠した」
6)　Ia（耳）bilong em i harim krai（叫び）bilong ol.（4/4）
　　　「直訳：彼の耳は彼らの叫び声をきいた」

　これらのうち，目的語が人間名詞の文は，4)である。名詞句階層理論には違反するが，実際は許容度が高い。トク・ピシンについてはほとんど制限がないかのように見える。

　許容度が2の文を見ると，主語名詞と目的語名詞の関係性がすぐには連想しにくいことがわかる（例えば例文1))。少なくとも6)ほど明確ではない。'耳'は'叫び声'を聞くことができる。しかし，例文1)にあるように，'そら豆の群生'が'マンゴーの頭部'と結びつくとは思えない。

　例文6)のように，身体名詞を主語にした文は，日本語ではやや不自然さが残るが，トク・ピシンではふつうである。筆者も下記のように例文を作って資料提供者に尋ねてみたが，全く違和感はないという。

(24)　Ai bilong em i lukim mipela.
　　　'彼（の目）は私たちを見た'

また，熊（2009）が提示した不自然な日本文もトク・ピシンでは普通である。

(25)　Bal i bagarapim windo.
　　　'ボールがあたって窓ガラスが割れた'
(26)　Kopi pepa i katim han bilong mi.
　　　'コピー用紙で手を切ってしまった'
(27)　Dispela samting i sapraisim Noel.
　　　'このことがノエルを驚かせた'

ただ，「鍵がドアを開けた」に相当するトク・ピシンの例文(28)に対しては，二人とも不自然であると答えた。1人称を主語(29)にすると良い文になる。つまり(29)のほうが，(28)よりも許容度が高い。これは名詞句階層が反映していると言える。なぜならば，(29)では，主語名詞に1人称，目的語名詞に抽象名詞が使われているからである。一方，(28)では，道具名詞が主語で，抽象名詞が目的語になっている。これに何らかの修飾語句を加えても，許容度は改善されない。例文(30)は，*dispela* 'この' という指示代名詞を加えた文である。

(28)　?Ki i opim dua.

111

⑵⑼　Mi opim dua long ki.

⑶⑼　?Dispela ki i opim dua.

　類似する例は他にもある。先に挙げた，例文1)に使われている，植物名詞 rop 'そら豆の群生' がそうである。1)の文「そら豆はマンゴーのてっぺんをさがした」に対する，二人の資料提供者の許容度は，平均すると3である。そら豆に意志性があるわけではない。だが，ここではそら豆があたかも意志を持った存在であるかのように描かれている。つまり背後に人間の意志が存在するのである。ただこの場合，その意志性がそれほど強くないことと，これが文レベルでの判断を委ねられていることが原因となって許容度が低いと考えられる。換言すると，'そら豆の群生' という名詞が，それだけ抽象度が高いと言える。

　物語文では，'そら豆の群生' を強調した表現を使うことによって，静から動の場面を読者に与えることができるのだろう。実際，文脈の中に，この例文を置くと，自然な文になる。つまり文脈上，この'そら豆の群生' が擬人化されていることがわかる。このように考えると，上記⑵⑻の文も文脈次第では許容度が上がると考えてもよいだろう。例えば，上記2)の文は，次の文脈の中では普通に理解される。

⑶⑴　Glas i save soim yumi doti bilong skin. <u>Glas i no ken tekewe doti</u>. Yumi save kisim sop na wara bilong tekewe doti bilong skin. Na yumi save kisim resa bilong rausim maus gras. Na yumi kisim kom bilong stretim gras. Baibel i no ken tekewe sin.

第2章　ピジンとクレオールの世界

Nogat! Baibel i soim yumi sin olsem glas i soim yumi doti bilong skin. Crowther (1978: 6)
(鏡を見れば肌に付いている汚れがわかる。<u>鏡は汚れそのものを取り除くことはできない</u>。私たちは石鹸を使って汚れを洗い流す。そして髭を剃るのにレーザーを使う。そして髪を整えるのに櫛を使う。聖書は罪を取り除くことはできない。いや，いや，聖書はちょうど鏡が肌の汚れを教えてくれるように私たちに罪の所在を示してくれる。)

植物名詞は特に文レベルにおいては許容度にゆれが生じてくる傾向がある。

　金子（1990）の研究で本論文と関わる大事な点が一つある。それは，非情物主語構文が明治以前の文章の中でどうなっているかを検討した箇所である。つまり，明治以降，日本はヨーロッパの影響を強く受けたので，それは日本語にも何らかの影響を及ぼしたのではないかという指摘である。氏は実際，鴨長明の方丈記を読み，多くの非情物主語の文を見つけ，「ほんらいは日本語になじまない<u>無生物主語</u>」という他の研究者の誤った固定観念を突き崩したのである。

　トク・ピシンでこの問題を考えるとき，いくつかの問題に出会う。まず，日本語のように古い時代の資料を入手できないという点が一つある。トク・ピシンが成立してからまだ1世紀を少し超えるくらいであるし，もともと文章を書いて残すという記録性に乏しかった。したがって，日本語の場合と同じように古い時代まで遡って調査はできない。しかし英語がトク・ピシ

113

ンの無生物主語構文化にどの程度の影響を与えたか，全く手がかりが得られないわけではなかろう。トク・ピシンの資料を観察する場合，ポイントは二つあると思われる。まず一つは，欧米人との接触が本格化した1945年以降から今日までの時期におけるデータの観察と，もう一つは，トク・ピシンの成立の背景として重要なクイーンズランドのカナカ英語やサモアの農園ピジンの資料を観察することが重要であると考える。

　本論文で，新聞から引用されたトク・ピシンの例文は，すべて2004年版であるが，ここから約40年前の会話集でもいくらでも無生物主語の構文を拾うことができる。

(32)　Haiwara i brukim tupela bris.
　　　'High water broke two bridges.'　　　　　Sadler (1973: 149)
(33)　Kaikai i winim mi.
　　　'I have had more than enough.'　　　　　Dutton (1973:164)

次は今から70年以上前に出版された，Hall (1943) の text から拾った例である。

(34)　Bigfela san i bonem mi, mi stap.
　　　'The hot sun kept burning me.'　　　　　(p. 63)
(35)　Orait, ka i ketim mi,
　　　'Very well, an automobile took me,'　　　(p. 66)

さらに，消滅したカナカ英語(36)やサモアのピジン(37)からも観察

できることを考えれば，この構文が当初からトク・ピシンに備わっていたと考えるのが自然であろう。

(36) Big ship come and kill him (Erskine 1853: 347),…

Dutton and Mühlhäusler (1984: 238)

(37) Polis i lokimap ol boi.
'The police lock up the 'boys''　　　Mühlhäusler (1978: 107)

一般に外国語を翻訳する際に，無生物主語構文が成立することがある。また，学術論文もこの種の構文が生じやすい。しかし，上記のことから，トク・ピシンの文法体系は，当初から無生物主語構文を受け入れる土壌があったと考えるほうが妥当であろう。

次に，名詞を意味素性によって分類した，神野（1996）の研究を取り上げ，トク・ピシンの場合を検討する。神野（1996）によると，日本語は [+controllable], [-power] という素性を有する名詞以外は無生物主語にできると言う。この意味素性という考え方を利用してトク・ピシンで検討してみたい。

まず，[+Controllable], [+Power] の例として，*ka* '車' が挙げられる（例文38）。'車' はそれ自体に力があり，かつ，人間が操作するものでもある。次に，[-Controllable], [+Power] の例として，*guria* '地震' を取り上げてみよう（例文39）。'地震' はそれ自体に力があるが，人間が操作できないものである。三つ目に，[-Controllable], [-Power] の例として，*fiva* '熱' がある。'熱' は，それ自体に力はないし，また人間が操作できるもの

でもない。下記の（例文40）。

　最後に，[+Controllable], [-Power] の例として，先に概観した *ki* '鍵' を挙げる（例文41）。'鍵' はそれ自身に力はないが，人間が操作できるものである。

(38) Long rot ka i bin helpim em.
　　　'道端で，彼は車に助けられた．'　　　　　　Jisas (1973: 31)

(39) Guria　　　　i　　　　bagarapim　　　haus.
　　　地震　　　　PM　　　破壊する -TR　　　家
　　　'家が地震で壊れた'　　　　　　　　　　　Mihalic (1971: 91)

(40) Sik　　　　i　　　　daunim　　　　　mi.
　　　sick　　　PM　　　down-TR　　　　1sg
　　　'I am sick.'　　　　　　　　　　　　　　Mihalic (1971: 173)

(41) ??Ki i opim dua.
　　　'鍵がドアを開けた'

以上の観察から，トク・ピシンはどんな無生物名詞でも主語の位置を占めるわけではないことがわかる。

[+Controllable], [+Power]	可
[-Controllable], [+Power]	可
[-Controllable], [-Power]	可
[+Controllable], [-Power]	不可

上記の三つの言語環境で無生物主語構文化が可能であることが

わかる。これは日本語よりもトク・ピシンのほうが無生物主語構文に対して柔軟であるという事実を示唆している。最後に二つの興味深い例文を紹介し次の節に進みたい。

(42) Tok Pisin i kilim em.
'彼はピジン語がうまい'(直訳：ピジン語が彼を殺す)
(43) Shoe i kaikaim mi.
'靴擦れを起こした'(直訳：靴が私を食べた)

ここまで見る限りトク・ピシンは，名詞句階層に関して一部制限はあるものの，かなり自由度の高い言語のようである。次の第4節では，二つの文体を通じてトク・ピシンの無生物主語構文の性質をさらに検討する。

4. 無生物主語構文と文体

新聞の政治・経済欄と五つの物語文を中心にそれぞれ100例ずつ無生物主語の文を収集した。どのような名詞の種類が主語に立ちやすいかを調べた。その結果，新聞の政治・経済欄では組織や機関を表す名詞が一番多く出現することがわかった。これは熊 (2009: 67) がすでに日本語と中国語の研究で指摘している。

4.1. 新聞の政治・経済欄

　トク・ピシンは，*embasi* '外務省' *gavman* '政府' の政府・機関名のほか，国名として *PNG* 'パプアニューギニア'，企業名として *telikom* 'テレコム' などの組織・機関名がある。組織・機関名だけで 100 例中 29 例拾うことができた。例えば，次の(44)は 'テレコム' が組織・機関名である。

(44)　Telikom bai i mas pulim ol telepon sevis i go long ol rurel hap.
　　　'テレコムは地方にも電話サービスを提供しなければならない'
　　　　　　　　　　　　　　　(p. 3, Julai 8-14, Wantok Niuspepa 2004)

熊（2009）の日本語と中国語の研究でも，「背後に潜在的に人間の存在が暗示されているものが主語になりやすい」(p. 31) とあるように，組織・機関名が新聞ではたびたび出現する。政府や教会といった，組織・機関をめぐる話題が多いというのが大きな理由であろう。

　また新聞の社説等は「事実を報道した上で論理を展開して主張を述べる文章」(p. 67) になりやすいという熊の指摘は最もで，おそらくこれは日本語，中国語，トク・ピシンに限らず世界の言語でも共通の仕組みがその談話構造に備わっているのであろう。

4.2. 物語文

　一方，物語文ではどのような名詞が主語に立ちやすいであろうか。先に新聞の政治・経済欄の文章で観察した，組織・機関名は物語文になると逆に2例しか出現しない。出現する名詞の種類は多岐にわたり，政治・経済欄で見たように特定の名詞の種類の出現率が高くはならない。自然物，関係，生物の部分，生産物／道具，自然現象，言語作品を表す名詞がほぼ均等に主語名詞として現れた。次の(45)は，主語に生産物／道具類が生じた例である。

(45) Long　rot　ka　　i　　bin　　helpim　　em.
　　　 P　　 道　 車　 PM　 PAST　助ける -TR　3sg
　　　'道端で，彼は車に助けられた．'　　　　　Jisas (1973: 31)

熊（2009）によると，文学作品は，「人間の感情や性質のような「抽象」名詞や人間の体の一部分である身体名詞を表す「具体」名詞が多い」（p. 67）とする。筆者の集めた資料でも物語文のほうが新聞の政治欄より身体名詞の出現率は高い（例文6）。それは物語文で6例生じたが，新聞の政治・経済欄では出現しなかった。

　他にも擬人化された主語が現れるのも物語文の特徴の一つであろう。次の例はその典型例である。例文(46)では，あたかも'星'に意志があるかのように描写されている。

⑷6) Sta   i   kaunim kaunim namba   bilong   waisan.
　　星　PM　　数える　数える　数　　　POSS　　太陽
　　'星は太陽の数をずっと数え続けた.'　　　Sievert (1980: 24)

　熊（2009）は，文学作品は「情景描写の文で無生物名詞が主語になりやすい」(p. 36)と指摘したが，筆者も同感である。下記のような例文⑷7)は比較的多く出現する。旧情報である *das* '埃'が無生物主語になっている例である。作者と読者が共有している情報ということになる。

⑷7) Rot   em   i   pulap long   das, na   das   i
　　道　3sg　PM　〜で一杯である　埃　C　埃　PM
　　karamapim   tripela.
　　覆い隠す　　　NUM
　　'道は埃だらけで，その埃が三人を包み込んだ.'

　　　　　　　　　　　　　　　　　　　　Sievert (1980: 37)

これらの例から，無生物主語名詞の出現や種類は文体に左右されることがわかる。試みに新聞1ページあたりに含まれる無生物主語構文は，物語文で6.1例，新聞の政治・経済欄で5.4例，同じく新聞の投書欄では1.8例であった。投書欄での出現が少ないのは，投書自体が投書した本人を中心に文章が展開されるからであろう。したがって，1人称主語が多くなる。新聞の漫画欄も同様である。

　新聞の政治・経済欄と漫画欄と投書欄を足して3で割ると，

表1 文体による差（数字は出現数）

物語	6.1
新聞（政治・経済欄）	5.4
新聞（漫画欄）	2.5
新聞（投書欄）	1.8

3.2となる。物語文では，その新聞の数値の約2倍なので，無生物主語構文が，新聞よりも文学作品に多く出現することがわかる。文体による差は明らかに存在する。次の第5節では，名詞句階層の制約について検討したい。

5. 名詞句階層の制約について

Silverstein (1976) は，名詞句階層を次のように分類した（角田 1991: 39）。

代名詞			名詞		
1人称	2人称	3人称	親族名詞，人間名詞 固有名詞	動物名詞	無生物名詞
				自然の力の名詞	抽象名詞，地名

Silversein は，「この階層は動作者になりやすさの度合，動作の対象になりやすさの度合を現す」（角田 1991: 39）とする。角田は，この階層が，豪州原住民諸語や北米のナバホ語や日本語にも反映しているとした。またこの理論を検証する研究もさまざ

まな言語で試みられた。例えば熊（2009）は日本語と中国語の無生物主語構文を分析し上記の理論を検証した。

さて，この名詞句階層理論がトク・ピシンにも反映しているか検討されなければならない。Silverstein や角田の名詞句階層理論は，もちろんすべての言語に当てはまるよう考えられたものである。

さて，まず新聞の政治・経済欄から検討してみよう。ニューギニアのピジン語紙であるワントク新聞を資料の対象とした。名詞句階層に違反する例は全部で 100 例中 7 例しかなかった。

次の例文(48)は，主語に非人間名詞，目的語に人間名詞がくる，つまり，名詞句階層に違反する例である。

組織・機関—人間

(48) **Skul** i save kisim ol yangpela **meri**
　　 学校　PM　HA　得る　3pl　若い-A.S　女
　　 i kam long ol arapela provins.
　　 PM　来る　P　3pl　他の　州
　　'他の州からも学校に着任する若手の女性教員がいる．'

（p. 8, Julai 8-14, WN 2004）

例文(48)の主語名詞は，背後に人間の存在を見い出すことができる。非人間名詞の主語 7 例中，5 例までがこの類である。背後に人間の存在や意志性を見出せない例としては下記の例がある。

第 2 章　ピジンとクレオールの世界

自然現象（自然／生理）—人間

(49)　**Paia**　　　　i　　　kukim　　　**em.**
　　　火　　　　　PM　　料理する -TR　　3sg
　　　'彼は炎に包まれた'　　　　　　　（p. 6, Julai 8-14, WN 2004）

上記(49)の例は，物語文では逆に多くなる。そのことを議論する前に，物語文における名詞句階層に違反する例を見ておきたい。主語名詞が非人間名詞で，目的語が人間名詞の例が 100 例中 40 例存在した。これは新聞の政治・経済欄におけるよりもはるかに高い割合となっており，熊の研究と同様の傾向を示していることがわかる。したがって，無生物主語構文における主語名詞の種類は，文体によって大きく左右されることがわかる。おそらく日本語，中国語，トク・ピシンにかかわらず，多くの言語で類似の傾向が認められるであろう。下記に挙げるのは物語文における名詞句階層理論に違反する例である。

自然物—人間

(50)　**Biksan**　　　i　　　hatim　　　**ol**.
　　　太陽　　　　　PM　　隠す -TR　　3pl
　　　'真昼の太陽が彼らを覆った'　　　　　　Sievert (1980: 37)

非人間名詞—人間名詞というセット以外で，名詞句階層に違反している例も物語文で 8 例，新聞の政治・経済欄で 4 例認められた（例文は省略）。名詞句階層理論を考察する際，物語文からだけ例文を用い特定の言語の性質を一般化したりすることは

123

許されない。分析対象に偏りがあれば，言語間の異なりに言及するのは難しくなるだろう。

次の6節では，オーストロネシア諸語に幅広く認められる，範疇詞を取り上げ，名詞句階層との関係を議論する。

6. 範疇詞と名詞句階層

無生物主語は，言語によっては英語のようにかなり制限の少ない言語もあるし，ハカルテク語（Craig in 角田 1991: 51）のように主語は人間または動物でなければならない言語もある。日本語はその中間のどこかに位置付けられる言語と言ってもさしつかえないだろう。トク・ピシンについては，これまで観察した通り，かなり自由度が高い言語と言える。

ところでメラネシア語派には範疇詞と呼ばれるマーカーがある。これは譲渡可能な名詞に付くもので，譲渡不可能な名詞には付かない。例えばオーストロネシア語族トライ語では，譲渡不可能所有物の例として，*tina=gu* (mother=my) 'my mother'(Mosel 1984: 20) がある。一方，譲渡可能な所有物には範疇詞 *ka-* が付く。例は *kaugu pal* (my house) 'my house'(Mosel 1984: 21)。言語によって何が譲渡可能かについては当該言語話者の世界観に左右されると考える。範疇詞は，ある名詞が生物か無生物かという原理で付いたり付かなかったりするものではない。

同様の区別は，オセアニアの諸言語一般にも観察される。マナム語の例を挙げる（Lynch 1998）。例文(51)が譲渡不可能所有物

で，例文(52)が譲渡可能所有物である。また譲渡可能所有物の中で，名詞の種類によって範疇詞の形態が変わるのもトライ語と同様である。

(51) tama-gu
father-my
'my father'   Lynch (1998: 125)

(52) bang   ana-gu
taro   POSS: FOOD-my
'my taro'   Lynch (1998: 125)

パプア諸語の所有表現はオセアニア諸語のそれほど複雑ではなく，その用法も大きく性格が異なり，単純化されている[5]。

　こうした区別は少なくとも形態上はトク・ピシンでは消失している。そうするとトク・ピシンの無生物主語構文と関連させても意味がないようにも思えるが，実はそうではない。以下，トク・ピシンのゼロ範疇詞と名詞句階層の関係を議論する。

　トク・ピシンの基層言語となった，トライ語で範疇詞が付く名詞と付かない名詞，さらにはその中間的な名詞を考察することによって興味深い事実がみえてくる。次は角田（1991）が提案した，所有傾斜理論にトライ語の範疇詞がどのように関わっているかをMosel（1984）のテキストを参考にしながら筆者が示したものである。

所有傾斜:

身体部分	属性	衣類	(親族)	愛玩動物	作品	その他の所有物
φ	φ	φ	(φ)*	ka-	ka-	ka-

*または ka-

それでは具体的に観察してみたい。まず譲渡不可能所有物とされる名詞類には,一般に範疇詞 -ka は付かない。所有傾斜で言えば,「身体部分」や「属性」といった高いほうの類である。

身体部分:

(53) bala=　　　gu
　　 belly=　　 my
　　 'my belly'　　　　　　　　　　　　　　　Mosel (1984: 150)

属性:

(54) nilaigu
　　 voice my
　　 'my voice'　　　　　　　　　　　　　　　Mosel (1984: 43)

角田の所有傾斜の中では,親族名詞は中間に位置する。具体的には「衣類」と「愛玩動物」の間に位置付けられる可能性を示唆している。それを裏付けるかのように,トライ語の範疇詞も付く場合と付かない場合とがある。トライ語話者の世界観では,「母」や「兄弟」と違って,「妻」や「夫」という存在は将来離婚や病死等で離別する可能性があるため,譲渡可能所有物と捉え範疇詞が付くのであろう。角田の親族名詞の位置付けは

納得のいくところである。

親族名詞:

(55) tina=gu
　　 mother=my
　　 'my mother'　　　　　　　　　　　Mosel (1984: 103)

親族名詞:

(56) kaugu　　　　　vavina
　　 my　　　　　　woman
　　 'my wife'　　　　　　　　　　　　Mosel (1984: 34)

衣類は範疇詞が付かない。

衣類:

(57) a mal meme
　　 D cl. Red
　　 'red clothes'　　　　　　　　　　Mosel (1980: 57)

愛玩動物は *ka-* が固定的に付く。

愛玩動物:

(58) kaugu pap nam.
　　 'That is my dog'　　　　　　　　Franklin (1974: 23)

「作品」や「その他の所有物」に分類される名詞類は，傾斜で

言えば一番低いところに位置するが，範疇詞はほぼ付く。

その他の所有物：

(59) kaugu　　　　lubang

　　 my　　　　　garden

　　 'my garden'　　　　　　　　　　　　　　　Franklin (1974: 64)

作品：

(60) kaigu　　　　tinata

　　 my　　　　　speaking

　　 'my story'　　　　　　　　　　　　　　　Franklin (1968: 64)

範疇詞 ka- は，譲渡可能所有物に付きやすいが，所有傾斜で言えば，低いところと共起しやすい。

「豚」は，ニューギニアでは様々な役割を持たされているため，範疇詞が付いたり付かなかったりする。つまり譲渡可能な役割も，譲渡不可能な役割も可能だからである。例えば小豚に人間がお乳を飲ませるときは，譲渡不可能な存在であり，他部族との交易で豚と何かを交換する場合は，譲渡可能になる。したがって，「豚」の位置付けが一様ではない。同じ名詞であっても，当該言語を使用する文化圏でのそれの位置付け，役割が異なれば文法性も異なってくるという一例である。

さて，前置きが長くなったが，ここからトク・ピシンの無生物主語構文の容認可能性を，先に見た範疇詞との関連で見ていく。とは言ってもトク・ピシンには範疇詞が存在しない。そこ

で，トライ語の名詞の中で範疇詞の付く名詞類をトク・ピシンでも検討しそれをゼロ範疇詞として分析を試みる。トライ語は，オーストロネシア諸語の一つで，トク・ピシンの文法形成にも大きな影響を与えたとされる。またトク・ピシンの語彙の10%から15%はトライ語に由来する。

　考察の対象になるのは，順に「身体部位用語の所有」，「衣類」，「食べ物・飲み物」，「作品」，「その他の所有物」である。興味深いことに，譲渡不可能所有物に近い名詞類は，許容度が高い。例は，6)と(24)（以上，身体部位用語の所有)，と下記(61)の「衣類」を表す名詞。

　それに対して，譲渡可能所有物に近くなると，許容度が下がる。例えば，「作品」の例(62)を挙げる。例文(63)のような習慣性を表す文を除くと，「食べ物・飲み物」は許容度が中間になる。'ビール'という単語だけで，「ビールをふだんから飲んでいると，…」というふうに意味を連想しやすくなる。

(61)　Dres bilong en i rapim em.
　　　'彼女はドレスに身を包んだ'
(62)　?Baibel i no ken tekewe sin.
　　　'聖書は罪を取り除くことはできない'
(63)　Bia i bagarapim manmeri bilong PNG.
　　　'ビールはニューギニア人を駄目にしますね'

おそらく，譲渡不可能所有物というのは，より人間名詞に近い存在だからであろう。例を挙げるまでもないが，身体名詞は人

身体部位　衣類　食べ物・飲み物　作品　その他の所有物
高..低

図1 トク・ピシンのゼロ範疇詞と無生物主語構文の許容度

間の一部である。また衣類もそれを身につけている場合は人間と一体化している。一方，譲渡可能所有物というのは，人間名詞から離れた存在である。聖書（例文62）はいつも人間と一緒ではない。したがって，トク・ピシンのゼロ範疇詞と名詞句階層の関係は，上記の図1のようになる。

7. 結論

　これまで観察したように，トク・ピシンの無生物主語構文は，その許容度において，かなり自由であった。しかし，そこには *gat* の分析にもあるように，OV型言語話者とVO型言語話者とで，無生物主語構文の許容度に差があることがわかった。つまり，OV型言語話者が無生物主語を用いた文を愛用文型とし，VO型言語話者が生物主語の文を選好する傾向が指摘された。

　またトク・ピシンはどんな種類の無生物名詞でも主語として文頭に立つわけではないこともわかった。言語環境として可能なのは，[+Controllable], [+Power] ／ [-Controllable], [+Power] ／ [-Controllable], [-Power]，不可能な環境は，[+Controllable], [-Power] である。これは日本語よりもトク・ピシンのほうが無

第2章　ピジンとクレオールの世界

生物主語構文に対して柔軟であるという事実を示唆している。

　さらに二つの文体，すなわち，新聞の政治・経済欄と物語文にそれぞれ出現する無生物主語構文は，いくつかの点で違いが認められた。それは新聞の政治・経済欄のほうが，物語文よりも名詞句階層理論を反映している点にある。これは，名詞句階層を議論する際，文体を考慮せずに事を進めることができないということを意味する。

　トク・ピシンのゼロ範疇詞に関しては，譲渡不可能所有物に近い名詞類は，許容度が高く，譲渡可能所有物は許容度が低いことがわかった。最後に，トク・ピシンの無生物主語構文は類型化が充分可能であることを付け加えておきたい。

注
1) 角田（1991: 141-144）に，日本語の'ある'に関する詳しい分析がある。これを参考にしてトク・ピシンの場合はどうかを考えた。
2) PM = 述部辞，TR = 他動詞接尾辞，1sg = 1人称単数主語，3sg = 3人称単数主語，ASP = アスペクト，PAST = 過去，P = 前置詞，POSS = 所有，C = 接続詞，NUM = 数詞，HA = 習慣相，3pl = 3人称複数，A. S. = 形容詞接尾辞
3) 三人目の資料提供者はパプア諸語の一つであるレンピ語（Rempi）を母語とする。レンピ語はOV型の言語であるが，彼によると(2)の表現を日常生活の中でよく使うという。したがって，母語による干渉ですべてを説明できない。
   レンピ語：Da　dulu　　　dim
　　　　　　私　風邪　　　とらえる　'私は風邪をひいた'
4) 文学作品は，Irene Hueter (1980) *Kisim save moa* 2, Wewak: Christian Books Melanesia Inc., Bruce Crowther (1978) *Samting bilong bus i krai*, Wewak: Christian Books Melanesia Inc., Rev. K. Kirsch (1971) *Yumi ritim*

stori 1, Madang: Kristen Pres., S. Zabransky (1973) *Jisas i givim long Papua Niugini,* Madang: Kristen Pres, Walter Trobisch (1972) *Mi laikim wanpela meri na mi pren long em,* Madang: Kristen Pres., Mar tha mandeo (1976) *Ani i stap Wanpis long Biktaun,* Madang: Kristen Pres

新聞は，Wantok Niuspepa 2004 年 7 月 8 日，2004 年 8 月 11 日（以上，政治・経済欄），1972 年 1 月 5 日，1 月 19 日，2 月 2 日，2 月 16 日分（以上，投書）

5) 次はコイタ語の例である（Lynch 1998）。分離可能所有物にも分離不可能所有物にも，範疇詞が付いている。ただし範疇詞で使われている子音の種類が名詞の種類によって異なってくる。

(1) di hete-re
   I chin-POSS 'my chin' (Lynch 1998: 171)
(2) di muni-ve
   I stone-POSS 'my stone' (Lynch 1998: 171)

参考文献

Craig, C. G. (1976) Properties of basic and derived subjects in Jacaltec. In Li 1976: 99-123.

Dutton, Thomas E. (1973) *Conversational New Guinea Pidgin.* Canberra: Pacific Linguistics (D-12).

Franklin, Karl J., Kerr, Harland B., and Beaumont, Clive. (1974) *Tolai language course (language data).* Huntington Beach, CA: Summer Institute of linguistics.

石綿敏雄・高田誠（1990）『対照言語学』東京：桜楓社

金子尚一（1990）「非情物主語の問題から」『国文学解釈と鑑賞』第 55 巻 7 号 pp. 36-46.

神野雅代（1996）「日英語間の無生物主語の扱いについて」『自然言語処理 115-3』pp. 15-20.

Li, C. N. (ed.) (1976) *Subject and topic.* New York: Academic Press.

Lynch, John. (1998) *Pacific languages: An introduction.* Honolulu: University of Hawai'i Press.

Mihalic, Francis. (1971) *The Jacaranda dictionary and grammar of Melanesian Pidgin.* Milton, Queensland: Jacaranda Press.

Mosel, Ulrike. (1984) *Tolai syntax and its historical development.* Canberra:

第 2 章　ピジンとクレオールの世界

Pacific Linguistics, B-92.
Okamura, Toru (ed.)(2007a) *Language in Papua New Guinea.* Tokyo: Hituzi Syobo Publishing.
岡村徹 (2007b)『現代ピジン語小辞典』研究ノート
Okamura, Toru. (2009) Transitivity in Tok Pisin, *Language and Linguistics in Oceania,* Vol. 1 The Japanese Association of Linguistics in Oceania, pp. 31-43.
Sadler, Wesley. (1973a) *Untangled New Guinea Pidgin.* Madang: Kristen Pres.
Silverstein, Michael. (1976) Hierarchy of features and ergativity In: R.M.W. Dixon (ed.) *Grammatical categories in Australian languages.* pp. 112-171. Canberra: Australian Institute of Aboriginal Studies.
角田太作 (1982)「オーストラリア原住民語」森岡健二ほか編『講座日本語学 10, 外国語との対照 I』pp. 193-214, 東京：明治書院
角田太作 (1991)『世界の言語と日本語』東京：くろしお出版
熊鶯 (2009)『鍵がドアをあけた—日本語の無生物主語他動詞文へのアプローチ—』東京：笠間書院

第 3 章　日本語の世界

3-1　ハワイ日系人の日本語

島田めぐみ

1. はじめに

次の表現は，ハワイで発行された日本語新聞『ヒロタイムス』の 1955 年 10 月 28 日の記事から引用したものである。
　英語なら「トウ・バツド」とセキハンしてパウにしている。(1955.10.28)
　[英語なら「お気の毒に」と握手して，終わりだ。][1)]

新聞であるため口語とは言えないものの，当時話されていた日本語が生き生きと表されている。「トウ・バツド」は "too bad"，「セキハン」は "shake hand" と，英語から借用された表現である。「パウ」は，ハワイ語の "pau"(「終わる」の意)である。このように，一世が使用していた言語は，日本語を基盤として，英語やハワイ語から語を借用するというのが大きな特徴だと言える。

他言語の影響を受けた日本語が存在するように，英語にハワイ語や日本語が混ざり合って成立した「ハワイピジン英語」と

呼ばれる言語が存在する。ピジン（pidgin）というのは，複数の異なった言語が接触する過程で生まれる言語である。ハワイでは，英語とハワイ語，日本語，中国語などが接触し，共通語ピジン（pidgin）が生まれた。このピジンが発達して，この言語を母語とする世代が出てくると，この言語はクレオール（creole）と呼ばれる。ハワイでは，二世以降の世代がこの言語を母語として習得しているので，正確にはハワイクレオール英語となる。ハワイでは，しかしながら，前述のとおりこのクレオールを「ピジン」と呼び，「ピジン」による聖書（*Da Jesus Book*）や文法書（*Pidgin Grammar – An Introduction to the Creole Language of Hawai'i*）も書店に並ぶ。どの時点でクレオール化したか，どこまでがピジンだったかを判断するのは難しい。本稿では，年代の異なるデータを使用するが，この接触言語をハワイクレオール英語と呼ぶことにする。

一方，日本語に関しては，現在では，一世の「ハワイ日本語」を耳にすることはできなくなってしまった。しかし，日系人二世による会話を聞けば，日本語，英語，ハワイ語，接触言語であるハワイクレオール英語などを見出すこともでき，多文化社会を実感することができるだろう。本章では，このような多言語社会ハワイにおけるハワイ日本語をとりあげる。具体的には，前述の『ヒロタイムス』から抽出した例を参照しながら，日系二世・三世による発話からハワイ日系人の日本語の特徴を考察する。

2. 背景

　米国ハワイではサトウキビプランテーションの増加に伴う労働者不足を解消するために，海外から移民を受け入れ始めた。日本人のハワイへの移住は1868年（明治元年）に153名が移民したのが最初であるが，本格的に移民が開始されたのは官約移民の制度が始まった1885年である。アメリカ政府の政策により日本からの移民が禁止された1924年までに約20万人の日本人がハワイに渡った。プランテーション労働者のほか，教育関係者，宗教関係者，ビジネス関係者，呼び寄せられた花嫁や子どもなど，様々な職業の者がいた。ハワイに渡った日本人はハワイでも日本語を使い続け，次世代へ日本語を継承していったが，次第に独自の言語を形成するにいたった。その日本語は，英語やハワイ語からの借用語が多い，広島県や山口県からの移民が多かったためそれらの地域の方言が多く使用される，などの特徴を有している。二世は，両親が話すハワイ方言とも言うべきこの言語（以下，ハワイ日本語）を聞いて育つが，第二次世界大戦にアメリカが参戦すると日本語の使用が禁止され，また二世のアメリカ化が進む。その後，三世，四世と世代が進むにしたがい，使用言語が次第に英語へとシフトし，ハワイ日本語の使い手はその数を減らしつつある。現在ハワイの日本語の話者は，比較的若い世代の二世や一部の三世である。

　さて，ここで世代について定義しておこう。1924年にアメリカ政府により日本人のアメリカへの移民が禁止されるが，こ

の1924年までにハワイに移住した日本人を本稿では「一世」と呼ぶ。比嘉 (1974) はこの定義に従った一世を「戦前派一世」と呼んでいる。黒川 (1983) は、さらに、1924年までにハワイに渡り、少なくともそのときに18歳だった者を「一世の日本語」を話す者としている。なぜならば、「一世」を日本語を母語とし、英語を第二言語としているグループと考えるためである。すなわち、1924年に18歳未満で移住した者は、「一世」ではあるが、言語学的には英語が母語と考えられる者もいたということである。「二世」は、「一世」を親に持ち、ハワイで生まれた人々を指す。「二世」のなかには、ハワイで生まれた後日本に渡り、学校教育の一部あるいはすべてを日本で受け、ハワイに戻った「帰米二世」というカテゴリーの人々もいる。そして、「三世」は「二世」を親に持つ世代である。実際は、父親が二世で母親が三世という例やどちらかが戦後一世という例など、多様なパターンがあり、世代を特定するのはそれほど簡単ではない。

1970年代から80年代にかけてハワイ日本語の特徴を報告した論文に、井上 (1971)、比嘉 (1974)、黒川 (1983) などがある。比嘉 (1974) は、一世、二世、三世、戦後一世、帰米二世、それぞれの特徴を報告している。黒川 (1983) も、黒川本人との会話データをもとに、一世、二世、三世の使用する日本語の例をあげ、ハワイの日本語を一括化すると次のような性質が各世代を通して認められるとしている。

1. 日本語と接触した諸外国語（ハワイ語、ポルトガル語、英語など）からの借用語（統合語）の使用。

2．影響力の最も強い英語の影響による新造語の使用（フットボールを遊ぶ，試験を取るなど）。
3．日本語諸方言間の接触による言語変化（文末のノ（ー），代名詞のワシ，優勢方言の語彙の使用など）。
4．日英両語の切替使用。

井上（1971）は，井上本人と一世あるいは二世 20 人との会話，合計 20 時間分のインタビュー内容を分析している。一部，日系人同士の会話も含まれており，英語になったり日本語になったりしていると報告されている。井上は，「なぜ，どんな時に切り替えるのか見当がつかない」と述べている。日系人同士の会話と，日系人と日本人との会話では異なる特徴が見られるということは島田（2011）でも指摘しているが，ハワイの日系人同士の会話を分析した研究はほとんどない。

前述のとおり現在ハワイの日本語の話者は，比較的若い世代の二世や一部の三世である。しかし，二世も 80 代以上の高齢者が大半である。現在，一世や二世が使用していたハワイ日本語を観察する手段としては，高齢となった日系二世や三世へのインタビュー，当時書かれたものの調査，当時記録された録画や録音記録の分析などが考えられる。本章では，島田（2012）の 2 名による会話のデータに，新たに 4 名の会話データを加えて，ハワイ日本語の特徴を明らかにする。参考として，一世が執筆した日本語新聞のデータ（島田・本田 2007，島田・本田 2008）も使用する。

井上（1971），黒川（1983）は，州都ホノルルが存在するオアフ島でのデータに基づいたものであり，比嘉（1974）は地域

を特定していないため，おそらくホノルルを中心に得られたデータだと考えられる。本研究では，ハワイ島ヒロ（Hilo）とコナ（Kona）で収集したデータを使用する。ハワイ島は，Big Islandと呼ばれ，その名のとおりハワイ諸島でもっとも大きい島であり，ハワイ第2の都市ヒロとコナがある。ヒロは，すばる望遠鏡がある国立天文台ハワイ観測所がある[2]ことで日本では知られているが，日系移民が多く，日系の企業や商店も多い。コナも日系移民が多かった地域で，この地域を有名にしているコナコーヒーは日系が支えた産業である。

3. データについて

3.1. 会話データ

2004年8月と9月，2011年9月にハワイ島ヒロおよびコナにて収集したデータを分析する。データ番号NN1は，日系人同士の会話であり，データ番号NJ2から6は，日系人と日本人との会話である。NN1とNJ2は特にテーマを決めず自由に話している。それ以外のデータは，日本人（筆者を含む）が日系人にインタビューしたものである。NJ4は，日本人学生5名と教員2名が二世の話をうかがうという形をとっている。

NN1とNJ2の会話参加者AとBは，日本に暮らしたことはないが，家族や友人と日本語を話す機会は少なくない。Cは小学生の時に日本に渡り，15年程度日本で暮らした経験がある

第3章　日本語の世界

表1　会話データ

データ番号	話者	世代	性別	採取日	時間	対話相手
NN1	A, B	二世	女性	2004年8月	1時間	日系人同士
NJ2	A, B	二世	女性	2004年8月	30分	日本人2名
NJ3	C	帰米二世	女性	2004年9月	1時間	日本人2名
NJ4	D	二世	男性	2011年9月	1時間20分	日本人7名
NJ5	E	二世	男性	2011年9月	50分	日本人2名
NJ6	F	三世	男性	2011年9月	2時間10分	日本人3名

帰米二世である。英語よりも日本語のほうが楽だと話している。Dは，戦時中日本語の通訳をつとめており，東京にも駐在していた。Eは，子どものころ日本語を話していたが，日本滞在の経験もなく，現在は日本語を話すことに慣れていない。Fは，唯一三世であるが，父親が帰米二世であるため，平均的な三世よりも日本語を話すことに慣れている。朝鮮戦争時，2年間日本に駐在した経験がある。いずれの日系人も80歳以上である。

3.2. 日本語新聞のデータ

1990年代，ハワイの各島で多くの日本語新聞が発行されるが，そのほとんどは1900年代後半までには姿を消している。その中の一紙『ヒロタイムス』は，1955年5月から1990年12月までの期間，週に2回，ハワイ島ヒロで発行された日本語新聞である。記者の意見が自由に書かれており，口語的な表現も多く，その意味で貴重な新聞だと言える。主な執筆者は発行人でもある大久保清氏（1905-2001年，新潟県出身）である。大久

保氏は，1924年，19歳でハワイに移民した一世であり，調査対象とする記事が書かれた当時，大久保氏がハワイに移住して30年から40年目にあたる。島田・本田（2007）では，1964年の1年間，週に2回発行された『ヒロタイムス』のうち，記者がその週におこった出来事について意見を書くコラム「おちこちこぼれ種」が分析対象となっている。島田・本田（2008）では，1955年5月17日（創刊日）から12月20日までの間，週に2回発行された『ヒロタイムス』のすべての記事に記載された語彙が分析されている。本稿では，会話データを分析する際，適宜ハワイ日本語特有語と分析された『ヒロタイムス』の両データ（表2）を参照する。

表2　『ヒロタイム』から抽出されたハワイ日本語特有語

	英語からの借用語	ハワイ語からの借用語	クレオール英語からの借用語	日本語由来の語	混種語	合計
1955データ	252	29	21	21	46	373
1964データ	98	16	3	18	9	144

なお，『ヒロタイムス』は，活版印刷のため，活字の問題により，「ゃ」「っ」などの捨て仮名が使用されていない。そのため，先の「トウ・バツド」のように捨て仮名の使用なしに表記されている。本稿では，筆者による判断が含まれることを避けるため，『ヒロタイムス』で表記されたとおりに記すこととする。

4. 分析結果

4.1. データの概要

それぞれのデータについて，日系人による発話が日本語であったか英語であったか検討する。下記の例に示すとおり，使用言語が頻繁に交替するため，文単位で日本語か英語かカウントした。下記の例は，NN1 の一部である。日本語文は（日），英語文は（英），文の途中で言語が切り替わる日英混交文は（混）とする。

A： あの，私が気の毒でしょ。　　　　　（日）
　　だから，seed だけをとって，she going save for me.（混）
　　［だから，（パッションフルーツの）種だけをとって，彼女は私のためにとっておいてくれる。］
B： Cut するの hard だけ，no ?　　　（日，英語語句使用）
　　［切るの，大変だからね？］
A： No, I can cut.　　　　　　　　　　（英）
　　［ううん，切れる。］
B： でも，かたーいよね？　　　　　　（日）
A： No, あの，包丁の edge をおいて，切り込みを入れたら easy よ。　　　　　　　　（日，英語語句使用）
　　［ううん，あの，包丁の端をあてて，切り込みを入れたら簡単よ。］

データごとに，日本語文，英語文，混交文の割合を計算した（表3）。NJ2 から NJ6 の日本人との会話では，7割以上が日本語文であることがわかる。一方，NN1 の日系人同士の会話では，約7割が英語文である。同じ話者の会話である NN1 と NJ2 を比較しても違いは明らかで，日系人同士では英語が優勢であり，日本人との会話では日本語が優勢となっている。日本人との会話である NJ2 から NJ6 を見ると，NJ3 と NJ4 では99％以上日本語文が使用されているが，NJ5 では日本語文は約7割であり，個人差が見られる。

表3　日本語文，英語文，混交文の割合

データ番号	世代	合計文数	日本語文	英語文	混交文
NN1	二世	616 文	26.6%	70.3%	3.0%
NJ2	二世	135 文	86.2%	13.8%	0.0%
NJ3	帰米二世	471 文	99.8%	0.0%	0.2%
NJ4	二世	820 文	99.5%	0.4%	0.1%
NJ5	二世	164 文	70.7%	22.0%	7.3%
NJ6	三世	982 文	89.7%	8.7%	1.6%

　次に，日本語の文に英語の要素がどの程度含まれているか，逆に英語の文に日本語の要素がどの程度含まれているか分析した（表4）。表3で見たとおり帰米二世による NJ3 は英語文が使用されておらず，二世による NJ4 はわずか0.4％であるため，この2データについては，「英語文における日本語要素含有率」の分析対象外とする。日本語文のうち英語の語句が使用されている割合は，日系人同士の会話 NN1 では3割以上であった。

表4　日本語文における英語要素／英語文における日本語要素

データ番号	世代	日本語文における英語要素含有率	英語文における日本語要素含有率
NN1	二世	35.7%	6.0%
NJ2	二世	18.7%	8.7%
NJ3	帰米二世	8.7%	-
NJ4	二世	14.6%	-
NJ5	二世	36.1%	32.8%
NJ6	三世	26.8%	20.0%

　日本人との会話NJ2からNJ6では，1割未満のNJ3から3割以上のNJ5まで幅がある。英語文に日本語語句が含まれている割合も，NN1の6％からNJ5の32.8％まで，話者により違いが見られた。しかしながら，概して，英語文において日本語の要素が含まれる割合よりも，日本語文の中に英語要素が含まれる割合のほうが高いと言える。また，これらのデータを見る限り，NJ5の話者EとNJ6の話者Fは，日本語と英語を交えて話す傾向があることがわかる。話者Eと話者Fは日本語の使用に慣れておらず，表4の結果は日本語能力とも密接な関係があると言える。

4.2.　各会話データの分析

　以下では，各会話の特徴を見ていく。

NN1

　日系人同士のデータ1は，全体的に英語文の占める割合が高

い。さらに，日本語文の中にも英語の語句が使用されている割合が高く，さまざまな品詞の語句が使用されている。

日本語文の中で使用される英語の借用語でもっとも多かったのが"yeah"，"no"などの応答詞である。そのほか，"ye"という応答詞も観察された。"ye"は，"yeah"と同様に使用され，発音はカタカナで表記すると「イエ」となる。

比嘉（1974: 190）では，二世は，三人称代名詞として，男性をさす場合は「ヒム（him）」を，女性をさす場合は「ハー（her）」を使うと述べている。しかし，本データでは，むしろ"she"，"he"のほうが多く観察されている。"him"を(1)のように主語として使用するケースもあったが，(2)，(3)のように"she"や"he"も主語として使用されている。

(1) A：Him が一番知らんといかんのに。
　　　［彼が一番知らないといけないのに。］
(2) A：She pay しとらんよ。
　　　［彼女，払っていないよ。］
(3) A：もう，he もう白髪になっとるけー。
　　　［彼はもう白髪になっているから。］

数量を表す語については，比嘉（1974）などにも指摘のあるとおり，ハワイで使用される日本語では，英語で使用することが多い。(4)のほか，"one more"，"one time"，"ten dollar"の例が観察された。日本語で「イチ」「ひとつ」と言う例は観察されなかった。

(4)　A：One しか，one 飲める。
　　　　［一杯だけ飲める］

　比嘉（1974）では，時を表す表現に英語を使用することが多いと報告されているが，本データでも "today"，"one time"，"fourteen"（14日）の使用が見られた。
　そのほか，接続詞の使用も目立つ。"but" が7回，"so" が3回，"but then"，"and then"，"because"，"cause" が1回ずつ観察されたが，日本語「でも」の使用も多い。後述するが，英語文中に「でも」を借用することもあり，"but" と「でも」は，日本語と英語で自由に切り替わると言える。"so" は3例観察されたが，"so" に相当する日本語「だから」「それで」等は，日本語文中では使用されていなかった。また，(5)，(6)のように，"because" や "cause" を使用する場合は，文末が「から」となっている。"because" と「から」により二重に理由であることがマークされている。

(5)　A：Because，読んどらんから。
　　　　［読んでいないから。］
(6)　A：Cause，私が短いから[3]。
　　　　［私は背が低いから。］

　品詞で見ると，他のデータ同様，名詞の借用は多いが，話題に影響されるため，上記の「時」や「数量」に関連する語以外

149

では，他のデータとの共通点はほとんどない。

動詞は，(2)のように英語の動詞にサ変動詞「する」を付加し，サ変複合動詞として使用されている。日本語文中に観察される動詞は，"cut", "scratch", "pay", "excuse", "cover", "move" などであった。

ハワイクレオール英語からの借用語として，"bumbye"（バンバイ）が観察された。"bumbye" は，英語の "bye and bye" が語源であり，「後で」という意味で使用される。

(7)　A：どうせ bumbye したらまた汚れるだろう。
　　　［どうせ少ししたらまた汚れるだろう。］

また，AとBが話す日本語は中国地方の方言の特徴が見られた。(8), (9)のようなアスペクト表現（よる，とる），(10)のようなウ音便が観察された。

(8)　B：私 slow そうすると，向こうからパーときよる。
　　　［私がゆっくり動くと，向こうからパーと（車が）向かってくる。］
(9)　A：Dent になっとらんの。
　　　［傷にはなっていないの。］
(10)　B：はよう忘れて。
　　　［早く忘れて。］

英語文の中に観察される日本語要素は，その逆の場合とは異

なり，名詞の借用はほとんど観察されなかった。もっとも多いのが終助詞である。内訳は「ね」4回，「よ」2回，「よね」1回，広島・山口地方の方言「のぉ」1回である。終助詞は，話し手の態度を示す役割を担っているが，英語では表しにくいため，日本語が使用されると考えられる。Nishimura（1995）では，カナダの日系人は英語の文に「ね」「よ」「よね」を付加して，聞き手への働きかけを強調すると分析しているが，本研究のデータでもこれらの助詞に加え，広島・山口方言の「のぉ」が観察された。文末表現については，ほかにも興味深い現象が見られたが，この点については，後述する（153ページ）。

(11)　A：No, no, those are new よ。
　　　　［ううん，それらは新しいのよ。］
(12)　B：Yeah, yeah, hard よね。
　　　　［そう，そう，かたいよね。］
(13)　A：Terrible のぉ。
　　　　［ひどいね。］

　副詞は3例観察された。(14)，(15)のように操作されず借用されているが，挿入箇所は英語において本来おかれる位置ではない。日本語の語順で英語に統合されている。

(14)　A：もう you no can hear.
　　　　［もう聞こえないでしょ。］
(15)　A：まだ we have to scrub that.

［まだ磨かないといけない。］

　接続詞は，「だから」「でも」の借用が1例ずつ観察された。頻度は少ないものの日本語の「だから」「でも」も借用語として使用されていることが明らかになった。日本語文での英語の接続詞の借用，英語文での日本語の接続詞の借用，双方が観察されたことになる。接続詞は，いかなる操作も必要とせず，置かれる位置も共通であるため，容易に借用されるのだろう。

　また，日本語文より英語文に，ハワイクレオール英語の特徴が見られたが，"bumbye"（バンバイ），"kine"（カイン）は，日本語文でも英語文でも使用されている。(14)のように，"no"を"can"，"like"，"have"などの前に付して否定を表す例も観察された。

　混交文は，16例観察された。(16)のように，主節が英語，従属節が日本語という構成の文が多い。

(16)　A：近いな思ったら，I stay bang him.
　　　　［近いなと思ったら，彼（の車）にぶつかっていた。］

NJ2

　データ1と同じ話者AとBが日本人を交えて話すデータ2では，日本語文が85％以上であり，その中で使用される英語的要素は名詞と応答詞で7割を占めている。名詞は，"kitchen"，"ticket"，"wife"などであった。"books"のように複数形で示す例もあった。応答詞は，"yeah"，"ye"，"no"あわせて7例で

あった。そのほか，接続詞 "and then"，"but"，節 "I think"，動詞 "cover" などが観察された。

　NN1とNJ2の話者AとBの文末表現に，"ya"（ヤ）と "no"（ノ）が観察された。いずれも，ハワイクレオール英語での使用が報告されている（Sakoda and Siegel 2003：91）。⒄，⒅が "ya" の例である。軽く上昇調で「ヤ」と発音する。相手に同意を求めている音調であるが，会話データを見ると必ずしも相手が相槌をうつわけではない。日本語の終助詞「ね」「よね」に近いのではないかと考えられる。

⒄　A：でも，あの，he's alright, ya?
　　　［でも，彼は大丈夫よね？］
⒅　A：He didn't mention our name, ya?
　　　［彼は私たちの名前を言わなかったよね？］

　"no"（ノ）は，広島方言の「のぉ」よりも短く発音され，軽く上昇調で発せられる。英語文で数多く使用されていたが，⒇のように日本語文でも使用されていた。「でしょ」"right?" のような意味だと考えられる。

⒆　A：It looks old, no ?
　　　［古く見えるでしょ？］
⒇　A：But then the guy「ああ」いうの，書いとらんよ, no ?
　　　［でも，あの人，「ああ」というのは書いてないでしょ？］

NJ3

　日本語文が 99.8％であり，その中で英語的要素が含まれる文は 8.7％である。"four generation"や "one copy" などの数量に関する語が観察された。"four generation"は，本来ならば "fourth generation" となるべきである。ハワイ日本語では，"number one いい"（一番いい）のように，"number one" が形容詞を修飾することが多いが，ここでは，「２番」の意味で "number two" が(21)のように使用されている。

(21)　C：日本（にっぽん）では，この名前，number two 多いそうですから。
　　　［日本では，この名前が２番目に多いそうですから。］

　また，"wife"，"husband"，"daughter" などの親族名称などが観察された。話者 B には，広島や山口の方言的特徴はまったく見られなかった。

NJ4

　日本語文が 99.5％であるが，約 15％の文に英語からの借用語が観察された。特に多いのが応答詞の "no" である。日本語による否定の応答詞は,「ううん」が１度観察されたのみである。一方，肯定の応答詞に関しては，英語は観察されず，すべてが「そう」であった。"and"，"and then" などの接続詞も観察された。
　"one pound"，"one percent" は英語を使用していたが，西暦はすべて日本語を使用していた。しかし，次のように日にちを英

語で話すこともあった。

⑵ D：その戦争が，あー，始まったのは，12月のDecember sevenの夜ね。
　　［その戦争が始まったのは，12月7日の夜ね。］

　数は少ないが，動詞や形容詞も次のような例が見られた。

⑶ D：僕は教育なんかね，finishしていませんよ。
　　［僕は教育なんか終えていませんよ。］
⑷ D：今，inconvenientになりましたね。
　　［今，不便になりましたね。］

　方言的表現として，㉕，㉖のようなウ音便，㉗のような引用形式「と」の脱落が見られたが，㉓や㉖でもわかるようにアスペクト表現の「とる」は使用されていなかった。

㉕ D：本当，少のうなりました。
　　［本当，少なくなりました。］
㉖ D：ようお金借りに行ってたね。
　　［よくお金を借りに行っていたね。］
㉗ D：日本人はあんまり焦る言うてね。
　　［日本人はとても焦ると言ってね。］

　Dは，プランテーション時代の話をする時，㉘のように，

"luna"(ルナ)や「土人」という語を使用していた。"luna"はプランテーションで働く労働者を監督する人(監督)を指すハワイ語であり,「土人」は,「現地の人」という意味でハワイ人を指す。「土人」は二世との会話では度々耳にする語である。そのほか,民族名を称するのに,"Chinese","Scotchman","Japanese"など英語を使用していた。

(28) D:土人を luna に使うと,日本人を嫌うね。
　　　［ハワイ人を監督に使うと,日本人を嫌うね。］

NJ5

　日本語を話すことに慣れていないこともあり,日本語文は70％と,日本人を相手としたデータの中でもっとも低い。日本語文の中で英語要素がある割合は36％と,これは全データの中でもっとも高い。また,日本語文に分類したものの,文の形をなしていない,名詞や形容詞などの語が約28％,名詞句や後置詞句などの句が約22％であり,語と句をあわせて5割を占めている。ほかの発話者に比べて,文の割合が非常に少ない。

　日本語文の中の英語要素は,"yeah",接続詞"so","but"が多かった。また,時を表す"two years","seventeenth"(17日)などが観察された。副詞の例も(29)のように一例観察された。

(29) E:英語を mostly 日本語ね。ハワイの日本語,日本語。
　　　［英語を,ほとんど日本語ね。ハワイの日本語。］

ハワイ語からの借用語は，"pau"（終わる）が一例あった。(30)は，発話者Eが日本に行ったときに，「パウ」と言ったところ理解してもらえなかったということを説明している。

(30)　E：I said pau, oh, they didn't know what is pau.
　　　　［パウと言ったが，日本人はパウが何か知らなかった。］

　英語文の使用が多いものの日本語を話そうとするため，英語文の中に日本語を借用することも多かった。もっとも多いのが終助詞「ね」の15回である。そのほかは(31)のような句の単位での日本語要素も見られた。

(31)　E：So I looked at that letter なんべんでも I looked at the letter.
　　　　［それで，その手紙を見た。何回もその手紙を見た。］

　混交文では，主節が英語，従属節が日本語となるという構成の文が多く，NJ1のデータと共通している。

NJ6

　日本語文が約90％であり，その日本語文の中で英語要素が観察される割合が20％と高い。
　数字（nineteen, two year, ninety nine percent, ten days, nineteen fifty four など），曜日（Sunday, Saturday），時の表現（last week, before, sometimes）は英語が多い。

㉜のように，one から four まで英語で，「5」を日本語で表す例が2例観察された。これは，カウントする時は独り言に近い状況で英語を発し，結果の「5人」は相手を意識した表現のために日本語となったと考えられる。意識しない状況では英語のほうが自然に口に出ると言えるだろう。

㉜　F：one two three four 5人の娘の子ども。
　　　［1，2，3，4，5人の娘。］

　親族名称は，"wife"，"papa"，"mama"，"mother"，"my wife"，"father-in-law" など多くの例が見られたが，「お父さん」「親父」「娘」と日本語を使う場合もあった。「いとこ」の表現は英語から翻訳した「にいとこ」「さんいとこ」という表現があった。"first cousin" は，「いとこ」を指し，"second cousin" は，「いとこのこども（はとこ）」，"third cousin" は，「はとこのこども」を指す。「にいとこ」は "second cousin"，「さんいとこ」は "third cousin" の翻訳借用した例だと考えられる。また，"first cousin" を「first いとこ」と混種語として使用する例も一例あった。

　応答詞については，否定の応答詞は日本語の文中であっても "no" が10回と多く，日本語によるものは観察されなかった。英語文でもすべて "no" が使用されている。肯定的応答詞は，日本語文では，「そう」がもっとも多く，"yeah" が3回，"yes" が1回，"ye" が1回であった。

　英語の接続詞使用は，"and then" が14回，"then" が7回，"because" と "but" がそれぞれ6回と，非常に多い。"because" の

文の文末に「から」を伴い二重に理由を示す例(33)と「から」を伴わない例(34)が観察された。

(33) F：Because そんな日本のもの持っとったら危ないと思っとったんですから。
　　［そんな日本の物を持っていたら危ないと思っていたんですから。］
(34) F：Because ここ生まれてから，5つの時日本に帰ったんですね。
　　［ここで生まれてから，5つの時日本に帰ったからですね。］

　名詞や接続詞のみではなく，"I think" 10回，"I don't know" 1回，"I know" 1回の節や"don't care" 4回も観察された。"I think"は，自分の考えを言うときに使用されていた。"I think"の挿入箇所は，(35)のように，英語の語順に従う場合もあるし，(36)のように主題（今の子ども）を提示した後の場合もある。久山(2000: 9-10) では，ブラジルの日系一世も"I think"にあたる「アシキ」("acho que" = 〜と思う）を多用し，ポルトガル語のシンタックスに従って文頭に位置して使用されると報告されている。久山(2000) は，文末表現「でしょう」を伴うことが多く「アシキ」を「たぶん」に替わるものとして説明を試みているが，ハワイ日本語では「でしょう」を伴うことはほとんどなく，また，「たぶん」というよりはもう少し強く自分の考えを述べる役割を果たしていると考えられる。(36)の「前のことでも」は，「以

159

前のこと」を指すか「これからのこと」を指すか定かではない。文脈から考えると、「これからのこと」を指す可能性が高い。"I know" と "I don't know" は、(37)、(38)のように英語の構文の位置で使用され、その内容は日本語の構文が続く。(37)の「オゴ」は、海藻の一種を指す「おごのり」である[4]。(39)のように、"don't care" は、「です」を伴っており、動詞として借用されていないことがわかる。

(35)　F：I think 私たちがもうしまいです。
　　　［（日本の伝統は）私たちでもう終わりだと思います。］
(36)　F：今の子どもね，I think 昔のこと，don't care，前のことでも，don't care.
　　　［今の子どもはね，昔のことにも無関心，これからのことにも無関心だと思います。］
(37)　F：I know オゴが違う kind があるね。
　　　［オゴ（海藻）には違う種類があるということは知っています。］
(38)　F：I don't know どうして違うか。
　　　［どうして違うか知りません。］
(39)　F：伝統いうもんね，もう続けるかわからない。私の娘でもね，don't care ですよ。
　　　［伝統というものはね，続くかわからない。私の娘もね，無関心ですよ。］

　副詞もほかの発話者より多く，"sometimes" 9回，"maybe" 6

回，"before" 2回であった。

(40) F：ここ来てから，sometimes 話します。
　　　［ここに来て，時々話します。］

　動詞は，他のデータ同様「する」を伴って借用されている。

(41) F：なに，sometimes バスで遊ぶんです，あちこち，story，talk するんですよね。
　　　［なに，時々バスででかけるんです。あちこちいって，話をするんですよね。］

　この発話者Fの特徴として，日本語文であっても，英語の影響か，目的語を文末に言うことが多い。次に一例を示す。

(42) F：Because 稽古しなかったでしょう，Conversation ね。
　　　［会話は練習しなかったからでしょう。］
(43) F：普通にいかないんですよ，Church。
　　　［寺院には普通に行かないんですよ。］
(44) F：あの，戦争の時ね，みんな恐れとったんでしょう，日本人，ここ。
　　　［ここでは，戦争のとき，みんな日本人のことを恐れていたんでしょう。］

　ハワイクレオール英語については，"da kine"（あの）と "kaukau"

（食べる）が使用されていた。ハワイクレオール英語の借用については，他のデータとまとめて後述する。

話者Ｆも，ウ音便，アスペクトの「とる」の使用，終助詞「のぉ」の使用など方言的特徴が見られた。

英語文を見ると，話者Ｆは，日本語を話そうとしているので，英語は，"I don't know.", "I think so.", "That's right." などの単純な応答表現や "What's security?" のようにことばの意味を尋ねる表現が多い。その中でも，日本語要素が含まれる文は20％と，比較的高い。特に多いのが終助詞「ね」であり，6例観察された。それ以外は，「ですから」「でも」「そう」などが観察された。

Ｆの特徴は，全体的に日本語文を使用しているが，英語要素の多い日本語文である。また，混交文も多く観察された。この話者の混交文の特徴は，同じ内容を日本語と英語で言うことにより結果的に混交文となっていることである。(45)は，「うちの娘」と主題を述べた後，述語を英語で述べ，"this morning" と言おうとして，"this" の次に「今朝」と言い，最後に日本語の述語（帰った）で終えている。(46)は，主語と述語を英語で述べた（They don't care）あと，日本語で目的語（前のこと）を述べ，その目的語を受ける形で日本語で述語（構わない）を述べ，さらに目的語（後ろのこと）を述べ，次に英語で述語（don't care）を述べ，また最後に日本語で主題（子たち）を述べている。

(45)　Ｆ：うちの娘，came back this 今朝帰った。
　　　　［うちの娘，今朝帰ってきた。］

(46)　F：They don't care but, 前のこと構わない, 後ろのことでも, don't care 子たち。
　　　［子どもたちは, これからのことを気にしない, 過去のことも気にしない。］

　なお, (36)の「前のこと」は「これからのこと」を指す可能性があると述べたが, (46)を見ると「前のこと」が「これからのこと」を指しているということは明らかである。「前」と「後ろ」の対比から,「将来」と「過去」を使い分けていると考えられる。

4.3. まとめ

　以上, 発話データごとに特徴を概観した。全データを通して分析すると, 話者の世代と会話をする相手によって会話スタイルが異なることが明らかになった。また, 世代を通じて明らかになったことを以下にまとめる。

4.3.1. 世代による違い

　今回の調査では, 二世, 帰米二世, 三世に対して調査を行った。この中でもっとも日本語を話す割合が高かったのが帰米二世であるCであった。学校教育を日本で受けており, 流暢に日本語を話す。また, 量だけではなく質的にもほかの日系人とは異なる傾向があった。英語からの借用語も少なく, また, 接続詞, 人称代名詞, 応答詞の機能的な語の借用語はなく, 名詞

や動詞など内容語がわずかにあるのみだった。また，方言的な特徴は見出せなかった。二世であるA，B，D，E，三世であるFには個人差はあるものの，日本語文における英語要素が含まれる割合はいずれの話者も帰米二世Cの2倍以上であった。二世であるEは三世であるFよりも日本語使用率が低く，使用される日本語も語や句など単純な構成のものが多かった。二世と三世は，帰米二世と異なる特徴として，方言的特徴が見られる，接続詞や応答詞など機能語の借用語に共通点が多いなどの特徴があった。

4.3.2. 会話相手による違い

　NN1は日系人同士の会話，それ以外のNJ2からNJ6までは日本人との会話であったが，これらの間には明らかな差異が認められた。日本語文の割合を比較すると，日本人との会話では7割程度から10割程度までであったのに対し，日系人同士の会話では3割を下回っていた。また，混交文の割合は，必ずしも日系人同士の会話だけに表れるわけではないが，話者AとBに注目すると，AとBが日本人を交えて話している時には混交文は現れなかったのに対し，AとBのみで話しているときには混交文が観察された。混交文は，日系人同士の会話でより出現すると言えるだろう。

　日本語文における英語からの借用語を見ると，人称代名詞（he, sheなど）は，日系人同士の会話のみで観察された。また，日系人同士の会話では，日本語文においても英語文においてもハワイクレオール英語の特徴が見られた。日本語文では，

"bumbye", "kaukau" の使用のみであったが，英語文では，"no can", "no like" などの否定表現が観察された。

4.3.3. 英語，ハワイ語，ハワイクレオール英語からの借用語

英語からの借用語は，全データを通して，数量や時にかかわる語，親族名称が観察された。帰米二世以外では，応答詞，接続詞の借用語も多かった。

数量に関する語では，"one 飲める"(NN1)，"one more"(NN1)，"one time"(NN1)，"one copy"(NJ3)，"one pound"(NJ4)，"one percent"(NJ4) など，"one"の使用が目立った。一方，「イチ」「ひとつ」のような日本語の使用は，日本人との会話中に「1枚（イチマイ）」「ひとつ」と2例観察されたが，日系人同士の会話では観察されなかった。新聞データでも⑷⑺, ⑷⑻のように「ワン」の使用が観察されている。日本語は，「イチ」「ひとつ」のように和語と漢語の使い分け，「イチマイ」「イッポン」など助数詞の体系が複雑である。そのため，より単純に使用できる "one" などが多用されるのではないだろうか。

⑷⑺ 五十才にワン足りない四十九才（1955.12.6）
　　［50歳に1歳足りない49歳］
⑷⑻ ステーキなら一斤半の大きいものでもペロリとワンタイムに平らげる（1955.8.30）
　　［ステーキなら一斤半（900グラム）の大きいのでもぺろりと一度に平らげる］

時を表す表現としては，比嘉（1974: 188-189）は，曜日のほか，"last year", "this week", "long time", "anytime", "sometimes" などをあげている。今回のデータでも，"seventeenth"（NJ4），"ten years"（NJ5），"ten days"（NJ6），"nineteen fifty four"（NJ5）などが観察された。曜日は，新聞データではほぼ100％，「マンデー」「チユースデー」「サンデー」のように英語が借用されている。発話データで曜日が言及されたのは，二世のNJ4，NJ5と三世によるNJ6のみであったが，日本語で表現されたのは一例のみで，ほかは⑷などのように，すべて英語で表現されていた。

⑷　D：Mondayなるとね，忙しい。（NJ4）
　　　［月曜日になると忙しい。］

　そのほか，新聞データ，発話データともに"sometimes"が観察された。発話データで"sometimes"が観察されたのは三世であるFのみであり，⑷のように9回使用されていた。新聞データでは，⑸のように「サンタイム」（sometime）が使用されている。

⑷　F：ここ来てから，sometimes話します。（再掲）
⑸　サンタイム，ゴルフ，ボールはとんだ人騒がせをすることがあるらしい。（1955.5.24）
　　［時々ゴルフボールはとんだ人騒がせをすることがあるらしい。］

第3章 日本語の世界

　親族名称は，日系人同士のNN1と日系人と日本人の会話NJ2とNJ6に親族名称の使用があった。NJ2では，"wife", "husband", "daughter", NJ6では, "wife", "papa", "mama", "mother", "my wife", "father-in-law"など多くの例が見られた。NJ6では「お父さん」「親父」「娘」と日本語を使う場合もあった。先行研究で指摘されているとおり，親族名称は英語からの借用が多いことが確認できた。

　"yeah", "no"の応答詞が発話データに多く観察された。"yeah"と"no"など応答詞は，帰米二世C以外では，多く観察されているが，"yeah"をほとんど使用しない者もいた。"yeah"を使用しない者は，肯定的応答詞として「そう」を使用している。また，特にA，Bは，肯定の応答詞として，"ye"（イエ）を多く使用している。全データを通じて，"no"に相当する日本語「いいえ」「いえ」「いや」は観察されなかった。なお，応答詞は，新聞データからは抽出されなかった。

　接続詞も多く観察されたが，日本語文の割合が高い帰米二世Cでは観察されず，Dではわずかしか観察されなかった。"but", "so", "because", "and then"などが使用されていた。接続詞についても，新聞データからは使用例は得られなかった。

　動詞は"adaptする"，"payする"のようにサ変複合動詞として使用されるが，"don't care"は，Fにより，前掲の(39)のように，「です」を伴って使用されるか，(36)のように「です」「だ」が省略される形で使用されていた。新聞データにおいては，(51)の例があった。"don't care"ひとまとまりで借用することにより，動詞の振る舞いはせず，形容動詞のような振る舞いをとってい

ることがわかる。

(39) F：伝統いうもんね，もう続けるかわからない。私の娘でもね，don't care ですよ。　（再掲）

(36) F：今の子どもね，I think 昔のこと，don't care，前のことでも，don't care.　（再掲）

(51) 日本なんかどうなったってドンケアだ。（1955.6.21）
　　［日本なんかどうなったって構わない。］

　ハワイ語からの借用語は，"luna"（ルナ，監督），"pau"（パウ，終わる），"haole"（ハオレ，白人）の3語のみであった（28, 30, 52）。この3語はいずれも，新聞データでも観察された語である。新聞では，これらの語のほか，「アイカネ」（aikāne；友人），「コクア」（kōkua, 協力する）が，それぞれ54回，25回と，非常に多く観察されている。英語からの借用語では，名詞が大半であったが，ハワイ語からの借用語は，動詞として使用する例も多く，会話データに観察された "pau" は，(53)のように新聞データでも多く観察された。

(28) D：土人を luna に使うと，日本人を嫌うね。　（再掲）

(30) E：I said pau, oh, they didn't know what is pau.　（再掲）

(52) C：haole が日本語を書いているの。
　　［白人が日本語を書いているの。］

(53) パハラ耕地の八十一名がパウされる。（1955.12.20）
　　［パハラ（地名）耕地の81名がやめさせられた。］

168

第3章　日本語の世界

　ハワイクレオール英語からの借用語は，"bumbye"，"kaukau"，"kine"が観察された。"bumbye"は，前述のとおり英語"bye and bye"が変化したもので「後で」という意味を表す。(7)のように日本語文，(54)のように英語文でも使用されていた。新聞データでも，(55)のように「バンバイ」と表記されていた。

(7)　A：どうせbumbyeしたらまたよごれるだろう。　　（再掲）
(54)　A：bumbye he going quit, you.　［そのうち彼はやめるよ。］
(55)　バンバイは，朝も，昼も夜も，スパスパやる事になろう。
　　　（1964.5.5）
　　　［少ししたら，朝も昼も夜もタバコを吸うことになるだろう。］

　"kaukau"（カウカウ）は，音の特徴からハワイ語と考えている者が多く，比嘉（1974: 188）でもハワイ語として紹介されている。しかし，"kaukau"は，ハワイ語の辞書に記載はなく，語源は中国人が使用していたピジン英語の"chow chow"とされている（Sakoda & Siegel 2003: 5 ほか）。日常会話では比較的耳にする語であるが，本会話データでは，(56)のように引用として使用されていた。新聞でも，(57)のように使用されていた。

(56)　F：Sometimesね，ご飯の時，呼ぶでしょう，子どもの遊ぶ時，半分日本語，半分英語で，「hey, come home, kaukau ご飯」って，言うんです。

169

［時々ね，ご飯の時呼ぶでしょう，子どもが遊んでいる時，半分日本語半分英語で，「はい，帰っていらっしゃい，ご飯食ですよ。」って言うんです。］
(57)　カウカウがすんだらホロホロして，ミーはモイモイしたい。（1955.9.16）
　　　［食事が済んだら散歩して，私は寝たい。］

　ハワイクレオール英語を代表する語として"kine"(カイン）があるが，今回の発話データでも，"da kine"(あれ），"this kine"(これ），"small kine"(小さいの）などのように使用されていた。語源は"kind"と言われ，"da kine"がもっともよく聞かれる。新聞データでは観察されていない。

(58)　A：Get small kine.
　　　［小さいのを買いなさい。］

　"no"を"can", "like", "have"などの前に付して，否定を表す例は，日系人同士の会話における英語文で観察された（59, 60）。新聞データの例では，(61)(62)のように日本語文の中で使用されており，一世はこのように使用していたと推測できる。

(59)　B：No, no, no, I no need that.
　　　［いいえ，私は，それはいらない。］
(60)　B：I no see her.
　　　［彼女には会っていない。］

⑹1)　ノーケン・ヘルプで長きに巻かれる。（1955.8.26）
　　［仕方なく長きに巻かれる。］
⑹2)　タバコ屋の娘からもノーライキされるヒロ禁煙家
　　（1995.5.21）
　　［タバコ屋の娘からも嫌われるヒロの禁煙した者］

　ハワイクレオール英語 "bumbye" と "no" を伴う否定形は，日系人同士の会話でしか観察されなかった。A と B の会話を見ると，ハワイクレオール英語の特徴は，日本人相手の会話では出現せず，日系人同士の会話のみで観察されている。しかも，"no" を伴う否定形は，英語文のみで使用されていた。一方，新聞では日本語文の中で "no" を伴う否定形が使用されていた。また，ハワイ語の借用は新聞データにおいては非常に多かったが，会話データでは3例のみと少ない。これらのことから，ハワイクレオール英語やハワイ語を日本語へ借用するという現象は特に一世に見られた特徴だと考えてもいいだろう。

4.3.4.　翻訳による造語

　黒川（1983）は「フットボールを遊ぶ」「試験を取る」などを新造語として紹介しているが，これらは，英語を翻訳した結果の造語である。翻訳による造語は，本データでは "second cousin"（はとこ）を翻訳借用した「にいとこ」，"third cousin"（はとこの子）を翻訳借用した「さんいとこ」が観察された。

　翻訳による造語は，新聞データには多く観察されているが，次の3種類に分類できる。ここにあげる例は一部である。「に

いとこ」「さんいとこ」は 1)，「first いとこ」は 2)に分類できる。
1) 英語を日本語に訳した造語
   角田兄弟現金店（1955, Kadota Brothers Cash & Carry）[5]
   ゴルフを遊ぶ（1955, play golf）　にいとこ（会話，second cousin）
2) 英語の一部を日本語に訳す混種語の造語
   買い物センター（1964, shopping center）　アイス水（1964, ice water）　スタート線（1955, start line）　first いとこ（会話，first cousin）
3) 日本語の一部を英語あるいはハワイ語に訳す混種語の造語
   盆ダンス（1964, 盆踊り）　好チャンス（1955, 好機）
   ポホー金／ポホー・マネー（1955, 無駄金）[6]
   アキ・ボトル／空きボトル（1955, 空き瓶）

　ハワイ日本語では，形容詞に「ナンバーワン」をつけて「もっとも」という意味を表す用例がある。1964 年新聞データでは，「ナンバーワン安心」のように使用されているが，NJ6 では "number one guide"（一番いい旅行ガイド）の用例が観察された。また，NJ3 では，「２番」の意味で "number two" が使用されている (21)。"number one"，"number two" 自体は造語ではないが，形容詞を伴った使用は，日本語からの翻訳をもとにしているのではないかと考えられる。今回のデータには観察されなかったが，日系人の間では「長男」の意味で "number one boy" という語も使用されており，比嘉（1974：187）にも例文の中に「ナンバーワンボーイ」の使用が見られる。

172

(21) C：日本（にっぽん）では，この名前，number two 多いそうですから。（再掲）

4.3.5. 方言の使用

　一世の出身地は，広島県がもっとも多く，山口，熊本，沖縄が続く。比嘉（1974: 180）では広島・山口方言をひんぱんに使うことによって，ハワイ日系社会における広島・山口方言の共通語的な地位を認めるようになったと分析され，その特徴は，間投助詞「ノー」と接続助詞「ケン」または「ケー」を使用すること，格助詞「ト」を省略することであるとし，次の例があげられている。

　「今日は頭が痛いケンノー，仕事を休もー思う。」

　比嘉（1974: 181）は，上記のような日本語は，あと10年もすれば聞けなくなるだろうと予言しているが，今回のデータからは，これらの方言的表現が多く聞かれた。

　本会話データで観察された広島・山口方言は，ウ音便(63)，打ち消しの「ん」(64)，アスペクト表現「とる」(65)，引用形式の「と」の脱落(63)，終助詞の「のぉ」(66)，接続助詞の「けー」(3)，語彙としては「つむ」(67)「みやすい」(68)が観察された。

(63) A：よかった言（ゆ）うてもらいたんですよ。
　　　［よかったと言ってもらいたいんですよ。］
(64) B：ticket 取りにこんかった。
　　　［チケットを取りにこなかった。］

⑹⑸　A：ここに書いとる。
　　　　［ここに書いている。］
⑹⑹　F：その doll があったのぉ，before.
　　　　［その人形があったよね，前。］
(3)　A：もう，he もう白髪になっとるけー。　（再掲）
⑹⑺　D：Camp でから，あのー，髪，あー，つんであげたいってね。
　　　　［収容所で髪を切ってあげたいってね。］
⑹⑻　A：私は英語のほうがみやすいね。
　　　　［私は英語のほうが易しいね。］

　これらの広島・山口方言の特徴がどの発話者に見られたかまとめたものが表5である。○は，観察されたことを意味する。人により大きく差があることがわかる。世代による特徴は見いだしにくいが，帰米二世のCのみがまったく方言的特徴が観察されなかった。また，日系人同士の会話と日本人との会話では明らかな差が見られる。日系人同士の会話では方言的特徴が多く観察されたAとBも，日本人と話すときは方言の使用が減少する。DからFも，相手が変われば方言的特徴が多く現れる可能性がある。

　新聞データでも，方言の使用が観察されたが，ウ音便⑹⑼，「のぉ」の使用⑺⓪，「みやすい」⑺⑴のみであった。⑺⓪の「ポロレイ」は「正しい」を意味するハワイ語 "pololei" である。ウ音便に関しては，ほかに，「同じう」や「厚う」の例があった。新聞データに方言の使用が多くないのは，一世である記者が新

第3章 日本語の世界

表5　各データにおける方言的特徴

データ	NN1		NJ2		NJ3	NJ4	NJ5	NJ6
話者	A	B	A	B	C	D	E	F
ウ音便	○	○	○	-	-	○	-	○
打ち消し「ん」	○	○	○	-	-	-	○	-
アスペクト「とる」	○	○	-	○	-	-	-	○
アスペクト「よる」	-	○	-	-	-	-	-	-
引用「と」の脱落	○	○	○	-	-	○	-	○
終助詞「のぉ」	○	-	-	-	-	-	-	○
接続助詞「けー」	○	○	-	-	-	-	-	-

潟出身であること，媒体が新聞であること，などが可能性として考えられる。

(69)　久しうコナに行っていないので（1955.7.26）
　　　［しばらくコナには行っていないので］
(70)　リコウな子はポロレイのうと言って親を悦ばすらしい。
　　　（1955.11.25）
　　　［頭のいい子は正しいねと言って，親を喜ばすらしい。］
(71)　帰化が非常にみやすく（1955.9.2）
　　　［帰化が非常に簡単に］

4.3.6.　混交文の構造

　混交文は，日系人同士の会話NN1と日本人との会話NJ5で観察された。共通の特徴として，主節が英語，従属節が日本語という構成の文が多いということがあげられる。(16), (72), (73)

175

のように日本語による従属節が「たら」構文のものが多いことは興味深い。この点については，さらなる検討が求められる。

(16)　A：近いな思ったら，I stay bang him.　　　（再掲）
(72)　A：And then yeah, him の age だったらね，hard to find the younger girls.
　　　［それで，彼の年齢だったらね，若い女性を見つけるのは難しい。］
(73)　A：So, new one はいたら you look nice, ya?
　　　［だから，新しいのをはいたら，よく見えるよ。］

5. おわりに

　ハワイの日系人の会話データをもとに分析したところ，世代による違い，対話者による違いなどが明らかになった。今回は5人の日系人の会話を分析したが，同じ二世であっても，帰米かどうか，日本語の会話に慣れているか，などの要因により，方言の使用が多い者，語や句のみの日本語が多い者，英語との切り替えが多い者など，それぞれ異なる特徴を有していた。
　また，同じ発話者であっても，相手が同じ日系人か日本人かによって，特徴が大きく異なっていた。日系人同士では，英語やハワイクレオール英語の使用が増えるというのは想像に難くないが，方言の使用も増えるなどの特徴があった。また，言語切り替えも頻繁に生じ，主節は英語，従属節は日本語という日

英混交文も多かった。この現象はほかの話者にも認められ，今後，構造や要因を検討する必要があるだろう。

　日系一世が執筆した新聞は，二世や三世の会話データと比べて，ハワイ語からの借用語が多い。また，会話データでは，日本語文におけるハワイクレオール英語の使用は非常に限られていたが，新聞データでは，日本語の文にハワイクレオール英語が多く使用されていた。日系一世から新たなデータを得ることができなくなった現在，確認は非常に困難であるが，日本語におけるハワイ語やハワイクレオール英語の使用は，一世に比べて二世，三世では減少傾向にある可能性は高いだろう。

　日本語，英語，ハワイクレオール英語，これらが混ざり合った言語，これらのうちどのような変種を使用するかは個人差や発話環境による差が大きい。本研究のようなケーススタディ的研究が積み重ねられることにより，ハワイ日系人の言語使用の実態が解明されるが，今後は，ますますデータ収集が困難となることは容易に予想できる。朝日・ロング（2010）が音声・映像資料から日系一世の方言を考察しているが，今後はこのような記録された録画・録音データ，話し言葉で書かれた印刷物などをもとにした研究にシフトしていく必要があるだろう。

謝辞　本研究は JSPS 科学研究費（基盤研究（C）23520498）の助成を受けて行われたものです。

注

1) ［　］内の訳はすべて筆者による。
2) 国立天文台ハワイ観測所は，標高 4,200m のマウナケア山頂にあるすばる望遠鏡と，研究・開発・事務を行うヒロ山麓施設からなる。
3) 「短い」は "short" からの翻訳で，「背が低い」を意味している。
4) 日本において「おご」は奈良時代より使用され，室町時代以降「おごのり」が次第に優勢になったが，古形「おご」が方言に残り，それが移民とともにハワイにわたり，ハワイで現在も広く使用されている（島田・高橋 2012）。
5) "brothers" は，会社や店名に使用されることが多く，日系人も "Kadota Brothers" のように "brothers" という店名をつけ，その訳に「兄弟」を使用している。"Cash & Carry" は，現金で売る店を指す。プランテーション時代は，店から商品をもらい，後から給料引きにするという販売方法だったが，のちに "Cash & Carry" のスタイルの店が登場した。日本人もこのような "Cash & Carry" の店を経営するようになり，屋号に "cash" を翻訳した「現金店」を使用した。
6) 「ポホー」は，ハワイ語 "pohō"（無駄にする）から来ている。

参考文献

朝日祥之・ロング，ダニエル（2010）「ハワイのプランテーションで作られた接触方言— 19 世紀末生まれの日系人の録音資料に見られるコイネ日本語—」，日本方言研究会第 91 回研究発表会

安倍勇（1965）「ハワイと日本語」『言語生活』166: 81-88.

阿部新（2006）『小笠原諸島における日本語の方言接触』鹿児島：南方新社 .

比嘉正範（1974）「ハワイの日本語」『現代のエスプリ』85: 178-197.

井上史雄（1971）「ハワイ日系人の日本語と英語」『言語生活』236: 53-61.

神崎浩（1985）「ハワイのピジン英語」『ハワイ俗語辞典』219-229. 東京：研究社 .

黒川省三（1983）「ハワイの日本語」平山輝男博士古稀記念会編（編）『現代方言学の課題第 1 巻社会的研究篇』199-220. 東京：明治書院 .

久山恵（2000）「ブラジル日系一世の日本語におけるポルトガル語借用—その形態と運用—」『社会言語科学』3: 4-16.

Nishimura, Miwa (1995) Varietal Conditioning in Japanese/ English Code-Switching. *Language Science*. 17: 123-145.

第 3 章　日本語の世界

西村美和（2000）「コードスウィッチング：日系カナダ人と日系ブラジル人を比較して」国立国語研究所（編）『バイリンガリズム―日本と世界の連携を求めて』15-26. 東京：凡人社 .
Reinecke, John E. (1969) *Language and Dialect in Hawaii: A Sociolinguistic History to 1935*. Honolulu: University of Hawaii Press.
Sakoda, Kent and Siegel, Jeff. (2003) *Pidgin Grammar –An Introduction to the Creole Language of Hawai'i –*. Honolulu: Bess Press.
真田真治（2006）『社会言語学の展望』東京：くろしお出版 .
Sato, Hiroo (2002) *Pahoa Yesterday*. Hilo: Hawaii Japanese Center.
島田めぐみ（2006）「ハワイの英語新聞に見られる日本語からの借用語」『東京学芸大学紀要人文社会科学系 I』57: 115-123.
島田めぐみ（2012）「ハワイ日系二世の言語切替えに関するケーススタディ」『東アジア日本語教育・日本文化研究』15: 137-148.
島田めぐみ・本田正文（2007）「ハワイ日本語の語彙的特徴」『東京学芸大学紀要総合教育科学系』58: 483-493.
島田めぐみ・本田正文（2008）「日本語新聞に見るハワイ日本語の特徴」『東京学芸大学紀要総合教育科学系』59: 513-524.
島田めぐみ・高橋久子（2012）「ハワイに残る日本語 ―「おご」を一例に―」『東京学芸大学紀要人文社会科学系』63: 81-88.
島田めぐみ・高橋久子・本田正文（2012）『ことばでわかるハワイ 1976 ―ハワイ日本語新聞『ヒロタイムス』から』報告書，東京学芸大学
Simonson, Douglas. (1981) *Pidgin to Da Max*. Honolulu: Bess Press.
Simonson, Douglas. (1982) *Pidgin to Da Max Hana Hou*. Honolulu: Bess Press.
鈴木英夫（1982）「ブラジルにおける日本語の変容」『名古屋大学教養部紀要』26: 91-116.

３−２　ヤップ及びパラオの高齢層が用いる日本語における言語間借用

甲斐ますみ

1. はじめに

　旧南洋群島は戦前 31 年間日本の統治下にあった。この間日本政府は国語としての日本語の普及を図り，日本語による教育を推進した。第二次大戦後，旧南洋群島の人々は日本の統治及び日本語教育から離れ，そして今約 70 年経とうとしている。しかし未だに日本語による教育を受けた世代の人々は日本語を保持していると言われる。これらの人々は今日各地域の土着の言語を日常的に使用しているが，現在の公用語である英語も個々人によって程度の差はあるものの理解，あるいは使用する。

　これまでに行われてきた二言語話者，多言語話者を対象とした先行研究から，二つ以上の言語が相互に影響を与えることが分かっている。これは言語間影響（cross-linguistic influence）と呼ばれるが，本稿ではヤップ及びパラオで日本語を保持する人々を対象に，彼らの話す日本語における言語間影響，特に借用（borrowing）について分析する。

2. 南洋群島の歴史と教育背景

　日本は 1914 年から 1945 年までの 31 年間南洋群島を統治した。南洋群島とは，東端のギルバート諸島とグアムを除き，マーシャル諸島，北マリアナ諸島，カロリン諸島を含む現在のミクロネシアほぼ全域に相当する地域である。本稿の調査対象地であるヤップとパラオはこの領域にある島である。

　先ずヤップは，東京から約 2,900 キロ南に位置し，面積は約 700 km^2，四つの主要な島と 130 の小さな島々や環礁からなる。人口は約 1.1 万人で [1]，首都はコロニア（Colonia）である。四つの言語（Ulithian, Woleaian, Satawalese, Yapese）があるが，目下共通語は英語が用いられている。

　次にパラオであるが，パラオはヤップの南西 450km にあり，面積は約 490 km^2，人口は約2万人である [2]。60％以上がコロール州の首都コロール（Koror）に住んでいる。パラオは現在独立国であり，公用語は基本的に英語とパラオ語であるが，アンガウル州（Angaur）では日本語も公用語の一つに定められている。

　日本の統治時代南洋群島の児童は3年制の公学校で教育を受け [3]，日本語を国語として学んだ。初等教育は普及し，1933 年におけるヤップの公学校就学率は 66％，パラオでは 99％以上に上っていた（矢内原 1935: 393）。この数字は同じ時期の台湾や朝鮮よりも高い（台湾では 1934 年時点で 39.30％，朝鮮は 1933 年時点で 17％）[4]。しかし，教育年数は短く（台湾も朝鮮も

公学校は6年間)、また台湾や朝鮮のように中等以上の教育機関もなかった[5]。

成績のいい児童は公学校卒業後補習科に進み、放課後男児は荷役人夫、農場の日雇い労働、商店の小間使いなどとして、女児は病院での看護補助や日本人家庭のメイド、売り子などといった仕事を通して日本語や日本の習慣を学んだようである(矢内原1935: 396、由井2000, 2002)。

3. 先行研究と定義

本稿は、ヤップとパラオにおける高齢層の人々が話す日本語を分析対象として、言語間影響について考察するものである。言語間影響についての研究は1950年代に既に見られるが(Weinreich 1953, Haugen 1953, Lado 1957)、その後一つの言語から他の言語への「借用」、「転移(transfer)」、「コードスイッチ(codeswitching)」についての数多くの研究がなされている。しかし、こうした用語の定義は研究者によって異なっている。例えばPoplack (1980)は「コードスイッチ」を、単一談話、文、または構成素内での二つの言語交替と規定している。Auer (1998)は、「コードスイッチ」は相互やり取りの言語として新しい言語が選択される切り替えで、「挿入(insertion)」は言語選択を変えない一時的な切り替えと区別している。Marian & Kaushanskaya (2007)は「借用」は話者が他の言語に切り替え、積極的に他の言語の単語や句を使うあからさまな言語行動であ

るが,「転移」は話者が明らかな言語切り替えを行わずに,(目標言語ではなく) 他の言語において意味的又は統語的に適切な方法で目標言語を使うような隠れた言語行動であるとしている。本稿では,「コードスイッチ」は相互やり取りに用いるベース言語の切り替え,「借用」はベースとなる言語選択を変えずに他の言語からの単語あるいは句の挿入,「転移」は他の言語に意味的・統語的に適切な方法で目標言語を使う場合を指すことにする。そして以下言語間影響, 特に借用について考察していく。

4. インフォーマントとデータ収集方法

　本稿で使用するデータは, 2009 年にヤップ, 2010 年にパラオにおいて個人インタビューを通して得られたものである。インフォーマントはヤップから 5 人, パラオから 5 人の計 10 人である。全員公学校卒業者で, 内 7 人は補習科で教育を受けている。インタビューは非形式的面接法で, 名前などの属性情報, そして戦前と戦後の生活や日本語使用状況などについて 30 分から 1 時間語ってもらった。そして各々のインタビューデータから各人 30 分を分析対象として抽出し, Du Bois et al's (1992, 1993) を基に記述を行った (記述記号は本稿末の資料を参照のこと)。なおデータはローマ字を主体とし, 下にかな交じり文を付ける。ローマ字を使用するのは, かな交じり文だと子音のみが延ばされている場合や音韻の途中から会話が重複している場

表1 インフォーマントの属性[6]

	コード名	性別	出生年	調査時年齢	日本語による教育年数	公学校卒業後の仕事	1945年以降の日本語との接触
ヤップ話者							
1	MON	女	1921年(大正10)	88	5年	2年間衛生講習生として働き、その後結婚する前まで家で子供のおさりをする。	日本人と会った時日本語を使った。
2	MIK	男	1919年(大正8)	90	3年	日本兵の手伝いをする。	船乗りとして日本を訪問。ヤップに住む日本人の友人がいて、以前よく話をした。
3	EL	女	1921年(大正10)	88	5年	衛生講習生となり、その後日本人家庭の手伝いをする。	日本を2回訪問。日本人のお客を自宅に泊めたことが何度もある。他の島の人と会った時は日本語を使った。
4	GIL	女	1919年(大正8)	90	5年	衛生講習生となり、その後日本人家庭の手伝いをする。	日本に1回旅行したことがある。
5	IG	男	1927年(昭和2)	82	5年	南洋拓殖株式会社[7]で働き、その後日本兵の手伝いをする。	日本人のお客を何度も泊めたことがある。ヤップに住む日本人の友人がいて、以前よく話をした。
パラオ話者							
1	UCH	女	1925年(大正14)	85	5年	日本人家庭の手伝いをする。	配偶者が生きていた時は時々配偶者に日本語の単語を使った。グアムの免税店で働いていたことがあり、その時日本人観光客とよく話をした。
2	ANT	女	1929年(昭和4)	81	5年	日本人家庭の手伝いをする。13歳から15歳までは衛生講習生として働く。	パラオに戦没者の遺骨収集に来た人達の世話を何年もした。現在教会に行ったら、日本語の聖書を見る。
3	URI	男	1928年(昭和3)	82	3年	大工となる。	近所にパラオ人と結婚した日本人女性がいて、その人と時々話をした。
4	MAR	男	1933年(昭和8)	77	3年	戦後中学校に入学し、その後電気技師となる。	しばらく自宅に日本人の大工が泊まった。時々日本からの観光客と話をした。現在ラジオでよく日本の演歌を聞く。
5	FUM	女	1931年(昭和6)	79	5年	しばらくの間教師をした後、商売をする。現在レストランを開いている。	日本にいる親戚を何度も尋ねた。現在自分が開いているレストランに来る日本人のお客と日本語で話す。

184

合，またインフォーマントの発した発音などを正確に記述できない為である。発話は Intonation Unit 単位で区切っているが，Intonation Unit とは，簡単に言えば自然発話における文の区切りである（詳しくは Chafe 1987: 22, 1994: 58-62, Du Bois et. al 1992: 17 を参照）。表1はインフォーマントの簡単な属性である。

　本稿のインフォーマントは皆現在，日常生活で自分たちの母語を使用するが，英語は公用語であるので個々人毎に程度の差はあれ，理解するようである。インタビューの中で皆，1945年以前ほど日本語を頻繁には使用しないと語っていた。例外的にインフォーマントの一人，FUM は父親が日本人であった為，日本にいる親戚と電話で話すことがあり，またレストランを開いており，日本人観光客と日本語で話す機会があると述べていた。

5. 結果

5.1. 言語切り替えと数字

　本稿のインフォーマントの日本語にはどのような特徴があるのだろうか。データを見ると，インフォーマントは日本語に英語を混入させることがあることが分かった。その中で特筆すべきは数字の使用である。ヤップ及びパラオのどちらのインフォーマントも，出生年や年齢を言う場合に言語の切り替えが見られた。

先ず出生年であるが，西暦で言う人と「大正」や「昭和」といった年号で言う人とがいたが，西暦で言う場合は日本語で発話を継続できず，全て英語に切り替えられた[8]。次の表2を参照されたい。英語への切り替えが起こった場合は「E」，「-」マークはインフォーマントが答えられない，あるいは言及しなかった場合，「○」は切り替えが起こらなかった場合を示す。

表2　誕生年と年齢

	ヤップ				
	MON	MIK	EL	GIL	IG
出生年	-	E	E+昭和	-	E
年齢	E	-	○	○	○

	パラオ				
	UCH	ANT	URI	MAR	FUM
出生年	E+昭和	-	E	E+昭和	○(昭和)
年齢	○	E	○	○	○

　Berko-Gleason（1982: 21-22）は，曜日，月，数字などは自動化されており，たとえ流暢な第二言語話者であっても数えたり掛け算するような場合は母語に頼ると指摘している。本稿のデータの中で最も頻繁に見られた言語切り替えは数字であったが，この結果は Berko-Gleason の言及の逆反映であり，数字は言語衰退の影響を受けやすいということができるだろう。しかしではなぜ年号と西暦とで言語間影響に差があるのだろうか。考えられる理由の一つとして，桁数という要因があると予想できる。つまり年号は2桁までであるが，西暦は4桁数字である。話者が西暦で出生年を言う場合には，日本語の大きな数の数え

第3章　日本語の世界

方を知らなければならない。例えば「1925年」は「千九百二十五」と千の位までの言い方を知らなければならない。一方英語で西暦を言う場合には2桁の組み合わせで済む（例：「1925」は「nineteen」+「twenty five」）。加えて，日本社会では西暦よりも年号を使用することが多い。戦前のパラオ，ヤップの住民たちが耳にしたのは年号の方が多かったと思われる。こうした理由からインフォーマントは年号では自分の出生年を言えても，西暦は日本語で言えずに言語切り替えが起こるのではないかと考えられる。以下の例を見てみよう。

　MAR は3，5，7行目では年号で出生年を言っているが，9行目で西暦を使う場合には英語に切り替わっている。MAR は11行目で KAI が8行目で発した「千九百」を使って西暦で出生年を言おうとしているが，日本語で継続できなく，発話途中で英語に切り替えている。

(1) 〈MARが自分の誕生日が7月28日だと言った後に〉

```
 1  KAI:  shichi-gatsu nijuuhachi-nichi,[<F>nan</
           F>]-nen umare desu ka?
           七月二十八日/[<F>何</F>]年生まれですか？
 2  MAR:                                      [un].
           [うん].
→3  MAR:  nan% a=,.. Shoowa shichi= o a hachijuuha
           chi-nen. han=##juuhachi-nen.
           何%あ=,.. 昭和七=おあ八十八年. はん=##十八年.
 4  KAI:  .. Shoowa shichi/?
           .. 昭和七/?
```

187

→5 MAR: n, hachi.
       ん，八．

 6 KAI: hachi/?
       八/?

→7 MAR: hachi, hachi-nen.
       八，八年．

▷8 KAI: a= Shoowa hachi-nen. ja= sen-kyuuhyaku=,
       あ=昭和八年．じゃ=千九百=,

→9 MAR: .. **thirty three.. nineteen thirty-three.**
       .. thirty three.. nineteen thirty-three.

10 KAI: <P>nineteen,.. [thirty-three</P>].
       <P>nineteen,..[thirty-three</P>].

→11 MAR: [sen-kyuu]hyaku **thirty-three.**
       [千九]百 thirty-three．

言語切り替えは出来事年を4桁の西暦で言う場合にも見られた。次の例を参照されたい。

(2) 〈MIKはヤップに日本人の友人がいたと言って〉

 1 MIK: .. a=,... biiru toka non-de=,
       .. あ=,...ビールとか飲んで=,

 2 KAI: un.
       うん．

 3 MIK: hanashi shi-teimasu.
       話しています．

 4 KAI: ha=, itsu desu ka/, sore?

```
                    は=, いつですか/, それ?
→5  MIK:  .. e a ma=,.. nineteen...(.4) a, nine%,
          nineteen ninety, nineteen six.
          .. え あ ま=,..nineteen...(.4)  あ,nine%, nineteen
          ninety, nineteen six.
```

　これとは対照的に，2桁の年号で出来事年を言う場合に言語切り替えが起こった例はなかった。例えば，インフォーマントIGは表2に示されるように出生年を西暦で言い，英語への切り替えが起こった。しかし次の例(3)(4)に見るように，2桁で表わされる自分の年齢と誕生日の月日，出来事年では言語切り替えが起こっていない。

(3) 〈IGに年齢を尋ねる〉

```
 1  KAI:  ima, nan-sai desu ka/?
          今, 何歳ですか/?
 2  IG:   a=, toshi desu ka?
          あ=, 歳ですか?
 3  KAI:  hai.
          はい.
→4  IG:   e ima, a=,.. hachijuuni-sai desu.
          え今, あ=,.. 八十二歳です.
```

(4) 〈IGは誕生日を言う〉

```
→1  IG:   juuni-gatsu=, a=,.. juuni-nichi.
          十二月=, あ=,.. 十二日.
 2  KAI:  <@>a soo desu [ne=. juuni-gatsu juuni-
```

189

```
            nichi=.. a=</@>],
```
<@> あそうです[ね=. 十二月十二日.. あ=</@>],

3 IG: [hai. @@. @H. @@@@@].
               [はい. @@. @H. @@@@@].

4 KAI: hachijuuni-sai desu ka=\.. ano=,.. gakko%, Nihon no gakkoo ni it-ta-n desu ka/? koogakoo/?
八十二歳ですか=\.. あの=,.. 学こ%, 日本の学校に行ったんですか/? 公学校/?

→5 IG: hai.. a=,.. <u>Shoowa juu=,.. yo-nen</u>/,
はい.. あ=,.. 昭和十=,.. 四年/,

6 KAI: <PP>hai</PP>.
<PP>はい</PP>.

7 IG: .. a=,.. kono Yappu no gakkoo,.. Maki-koogakkoo ni,.. hairimashi-ta.
.. あ=,.. このヤップの学校,.. マキ公学校に,.. 入りました.

同じように他のインフォーマントも, 2桁以下の数字を言う場合には言語切り替えが見られなかった。次の例を見てみよう。

(5) 〈KAIは1945年以前日本のレストランがあったか尋ねる〉

1 KAI: Nihon no resutoran mo arimashi-ta [ka]?
日本のレストランもありました[か]?

2 MON: [a]a=

→   u, aa=, i-ta.. ishi%, i%, ishi%, <u>ik-ken ni-ken</u> wa i-ta.
[あ]あ=う, ああ=, いた.. いし%, い%, いし%, 一軒二

第3章　日本語の世界

軒はいた．

(6) 〈MON は咳をし始める〉

1　MON:　.. au, moo toshiyori de moo=,.. zensoku
　　　　　mo-- (COUGH)(COUGH)
　　　　　.. あう, もう年寄りでもう =,.. 喘息も -- (COUGH)
　　　　　(COUGH)

2　KAI:　<PP>a hontoni=\. u=n</PP>.
　　　　　<PP>あ本当に=\. う=ん</PP>.

3　MON:　u=n\.
　　　　　う=ん\.

4　KAI:　o-kusuri wa/?
　　　　　お薬は/?

→5　MON:　.. <u>ni-shurui</u> aru.
　　　　　.. 二種類ある.

(7) 〈GILは日本時代に住み込みをしていた日本の家族について語る〉

1　GIL:　sono toki wa,.. a=no, (TSK) oyaji ga ne,
　　　　　sono,.. okusan to, ko%, i% chiisai
→　　　　kotodomo, de, kondo wa ni=% <u>ni-banme</u>.
　　　　　その時は,.. あ=の, (TSK) 親父がね, その,.. 奥さんと, こ%,
　　　　　い%小さい子供, で, 子供はに=%二番目.

2　KAI:　<P>un</PP>.
　　　　　<PP>うん</PP>.

→3　GIL:　soshite, atashi o, <u>ichi-ban</u> shita no
→　　　　<#>shishikoo</#> ga,.. a, <u>ichi-ban</u>,..
　　　　　ato ni,.. hi% hito=%, hito% hito%,
→　　　　<u>hitotsu</u> no fu%, futon de, watashi ga n

191

```
            a=,.. ano=,(TSK) asoko de ne-tei-ta.
```
そして, 私を, 一番下の<#>ししこう</#>が,..あ, 一番,..
後に,..ひ％ひと＝％,ひと％ひと％,一つのふ％,布団で, 私が
んあ＝,..あの＝,(TSK)あそこで寝ていた.

4　KAI:　`<PP>u=n</PP>`
　　　　`<PP>`う＝ん`</PP>`.

→5　GIL:　`(TSK) itt%, hito-heya ni ne-tei-ta.`
　　　　(TSK)いっ％, 一部屋に寝ていた.

　これらの例が示すように，人や物の数，値段など言語化する数が2桁以下の場合，インフォーマントは英語への切り替えをしなかった。ただURIの一例のみと，ANTの使う日本語には例外があった。ANTの日本語には別の問題，ベースの言語選択が変わるというコードスイッチの問題が多くあった為だが，これについては5.6.節で考察する。次の例はURIの唯一の例外である。

(8)　〈URIは1945年以前にパラオにあった日本の会社について語る〉

1　URI:　`<#>Shokuminsha=</#>, Shimizu=, Yamato=,`
　　　　`<#>`ショクミン社=`</#>`, 清水=, ヤマト=,

2　KAI:　`fun.`
　　　　ふん.

3　URI:　`e=,.. doko da... Shimizu=,..`
　　　　`sorekara=,.. Shimizu=,.. wakara-nai...`
→　　　　`<P>`**`one two three=,.. four five`**`,.. at-ta-n da</P>`.
　　　　え=,..何処だ... 清水=,..それから=,..清水=,..分か

らない... <P>one two three=,.. four five,.. あったんだ</P>.

　興味深いことに URI はここで数を数えている。また更に，言語切り替えが起こっている部分は弱く発話されている。この例以外で URI の発話には 2 桁の数を言うのに言語切り替えは見られなかった。例えば次の例のように「一人」「二人」は言語切り替えが起こっていない。すなわち例(8)は唯一の興味深い例外であった。

(9) 〈KAIは公学校にパラオ人の教師がいたか尋ねる〉

```
 1 KAI: ano=, Parao-jin no sensee mo imashi-[ta
        ka]?
        あの=, パラオ人の先生もいまし[たか]?
 2 URI:                                         [i
→       mashi]-ta. [2hi2]tori.
        [いまし]た．[2ひ2]とり．
 3 KAI:                 [2<P>a\</PP>2]．  <PP>un</PP>.
                        [2<PP>あ\</PP>2]．  <PP>うん</PP>.
→4 URI: Nihon-jin ga futari.
        日本人が二人．
```

　次に年齢についてであるが，MON と ANT 以外のインフォーマントは全員自分の年齢を日本語で言った。MON と ANT の二人は自分の年齢を言うのに英語の切り替えがあったが，次の例に見るように出来事が起こった時の年齢については言語切り

替えをしていない。

(10) 〈KAIは MONに何歳で結婚したのか聞く〉

1　KAI:　Mon-san wa nan-sai de kekkon shi-ta-n desu ka?
　　　　モンさんは何歳で結婚したんですか？
→2　MON:　... o\,.. <u>nijuuis-sai</u>.
　　　　... お\,..二十一歳.

(11) 〈ANTは衛生講習生だった時の年齢について語る〉

→1　ANT:　<A><#>taha</#> juu%</A>, <u>juuyon-sai</u> a=,
　　　　<A><#>たは</#>じゅう%</A>,十四歳あ=,
2　KAI:　<P>un</P>.
　　　　<P>うん</P>.
3　ANT:　ano=,.. u=n, kangofu-san ni hait-ta=.
　　　　あの=,..う=ん,看護婦さんに入った=.
4　KAI:　u==n. nan-sai made/?
　　　　う==ん．何歳まで/?
→5　ANT:　(0) a==, <u>juugo-sai</u> made=.
　　　　(0) あ==,十五歳まで=.

　これらの例から，MONもANTも2桁の年齢を日本語で言えることが分かる。ではなぜMONとANTが現在の年齢を言うのに言語切り替えをしたのだろうか。これは，使用頻度が要因にあるのではないかと思われる。恐らく現在の英語使用環境で自分の年齢を言う場合が多いのではないかと予想される。使用頻度に関した問題については5.4.節で更に詳しく論じる。

5.2. 借用の品詞

先行研究では，借用は動詞よりも名詞に多く見られ，転移は名詞よりも動詞に多く見られるという報告がある（Poplack 1980, Joshi 1985, Myers-Scotton 1993, Muysken 2000, Angermeyer 2002）。その理由は，名詞は概念的により統合されており，語彙的にアクセスしやすいが，動詞は言語特有の概念的貯蔵（conceptual stores）の中で表示されやすく，文により内部結合している為であるからだと言われる（Joshi 1985, Myers-Scotton 1993, Van Hell & De Groot 1998, Marian & Kaushanskaya 2007）。先行研究と同様に，本稿のデータにおいても借用は動詞よりも名詞に多く見られた。表3に数字以外の借用の例を挙げる。

5.3. 能動的語彙と受動的語彙

多くの借用がその社会に新しい物や概念を示すという観察に基づき，一般的に借用が起こる理由は語彙の間隙（gap）にあると言われる（Angermeyer 2002, Marian & Kaushanskaya 2007 参照）。次はそのような例である。1945年以前「テレビ」は存在しなかった。

(12) 〈ELは1945年以前にヤップにあった物について語る〉

```
1  EL:   mae ni=, ano= Nihon no hon wa=, at-ta.
         前に=, あの=日本の本は=, あった.
2  KAI:  <PP>u[n</PP>].
```

表3 借用の例

		物関係	食物関係	人関係	場所関係	その他	述語位置の借用	形容詞.副詞
ヤップ	MON	notebook		group	high school	agriculture		
	MIK				outer island, high school			
	EL	costume, TV	beef		India, Korea, China	research, business, generation	spry (する), change	
	GIL							
	IG				government, high school		punishment, punish	
	UCH	bankbook, TV	ice, chicken	president, family,	village, museum, clinic, office, dormitory, government	immigration, end		almost
パラオ	ANT	basket, food, body		family, teacher, doctor, nurse, everybody	hospital, Japan,			already, very high
	URI				Japan	science		suddenly
	MAR				high school, restaurant, office, intermediate (school)	construction		
	FUM	China Air, newspaper			court house, China		reserve (する)	

第3章　日本語の世界

```
         <PP>う[ん</PP>].
```
→3　EL:　　　　[te%] ano=, te%, **TV** ne. **TV**/?
　　　　　　[テ%] あの=, テ%, TV ね. TV/?

4　KAI:　hai.
　　　　はい.

→5　EL:　(0) u=\n.. **TV** mo aru= dakedo=,.. ano=,..
　　　　Nihon no **TV** dewa-nai.
　　　　(0)　う=\ん.. TV もある=だけど=,..あの=,..日本の
　　　　TV ではない.

　この例は，借用が社会にとって新しい物や概念について語る為に使われるという考察を支持するように思われる。しかし，本稿のデータを見ると借用のメカニズムはそう簡単ではないことが分かる。例えば，先の表3の「chicken」「Korea」は1945年以前にも存在した。同様に次の例(13)でUCHは「bankbook」を借用しているが，ここでUCHは1945年以前の出来事について語っており，「通帳」は存在していたはずである。

(13) 〈UCHは公学校時代の日本人の先生に，働いたお金は貯金しなさいと言われていたと言い〉

1　UCH:　ichi-doru wa chokin shi-nasai tte,
　　　　一ドルは貯金しなさいって,

2　KAI:　un.
　　　　うん.

3　UCH:　sore o watashi= wa= ano yuubinkyoku
　　　　de=,.. un,.. yuubin ni ne,

           それを私＝は＝あの郵便局で＝,..うん,..郵便にね,
 4 KAI: <P>u[n</P>].
           <P>う[ん</P>].
→5 UCH: [yu]ubinkyoku de= ano=,.. **bankbook** o
           tsukut-te=,
           [ゆ]う便局で＝あの＝,..bankbookを作って＝,
 6 KAI: un.
           うん.
 7 UCH: sore= o-kane morau-to, moo amari, yasu-
           katta kara ne=[mae] wa, kyoo mitai-ni,
           それ＝お金貰うと,もうあまり,安かったからね＝[前]は,今日みたいに,
 8 KAI: [<P>un</P>].
           [<P>うん</P>].

　この例は借用が新しい物や概念を示すために使われるという理由からは説明できない。では借用は無規則に使用されるのであろうか。

　続けて他の例を見てみよう。次の例(14)において MON は3行目で「English」を借用している。しかし KAI が 6, 8 行目で「英語」という語彙を導入した後は，11 行目に見るように借用は行われていない。

(14) 〈MONは公学校で漢字を学んだと言い〉

 1 MON: a, kanji o=, nu%,.. narra-tei-ta.
           あ,漢字を＝,ぬ％,..習っていた.

198

第3章 日本語の世界

2　KAI:　　　　　<PP>un. hu==[n</PP>].
　　　　　　　　<PP>うん．ふ==[ん</PP>].

3　MON:　　　　　　　　　[a] ano=, kana to,.. ano=,..
→　　　　　　　<P>**English**</P> no=,... yasui= yatsu.
　　　　　　　　[あ]あの=,仮名と,..あの=,..<P>English</P>の
　　　　　　　　=,...安い=やつ.

4　KAI:　　　　　<PP>un</PP>... <PP>u[2n</PP>2].
　　　　　　　　<PP>うん</PP>... <PP>う[2ん</PP>2].

5　MON:　　　　　　　　　　　　　[2ka2]nji mo=,..
　　　　　　　　tamani=, nu%, a= hatt%, a% a% aru no
　　　　　　　　ga=, tsuka-e-rareru.
　　　　　　　　[2か2]ん字も=,..たまに=,ぬ%,あ=はっ%,あ%あ%あ
　　　　　　　　るのが=,使えられる.

▷6　KAI:　　　　<PP>hu=n</PP>.. ano=,.. Mon-san wa eego=
　　　　　　　　mo, hanashimasu ka/?
　　　　　　　　<PP>ふ=ん</PP>..　あの=,..モンさんは英語=も,話しま
　　　　　　　　すか/?

7　MON:　　　.. un. nanika hanashi-tara, hanas-ereru.
　　　　　　　　.. うん.何か話したら,話せる.

▷8　KAI:　　　　<PP>un</PP>.. eego to Nihon-go to docchi
　　　　　　　　ga joozu desu ka/?
　　　　　　　　<PP>うん</PP>..　英語と日本語とどっちが上手ですか/?

9　MON:　　.. a= Nihon-go=/,
　　　　　　　.. あ=日本語=/,

10　KAI:　　　<PP>un</PP>.
　　　　　　　　<PP>うん</PP>.

→11　MON:　.. eego to=, Nihon-go, Nihon-go ga=,..
　　　　　　　　e,.. ii. eego wa anmari wakara-nai.

199

.. 英語と =, 日本語, 日本語が =, .. え, .. いい． 英語は
あんまり分からない．

　語彙には「能動的語彙（active vocabulary）」と「受動的語彙
（passive vocabulary）」があることが知られている。簡単に言うと，
能動的語彙は我々が理解し，かつ産出できる語彙であるが，受
動的語彙は理解は出来るが自発的には使えない語彙である。「英
語」という語彙は MON にとって受動的語彙のようである。し
かし，適切なインプットを得た後は活性化され，能動的語彙と
なっている。

　次の例を見てみよう。これは受動的語彙の例であるが，KAI
が 2, 4, 8, 12, 16, 20 行目で「（ご）主人」，6 行目で「夫」
という語彙をインプットしているにも拘らず，MON はどちら
の語彙も自発的に産出していない（7 行目の「夫」は KAI の繰り
返しであり，自発的産出ではない）。しかし，MON はこれらの語
彙を理解しているようである。と言うのは，17 行目で夫は既
に亡くなっていること，そして 21 行目で夫とは母語で話をし
ていたと語っているからである。

(15) 〈KAIはMONに結婚後家の中で日本語を使ったか尋ねる〉

```
 1  MON:   a= ni%, ni%,.. kekkon shi-ta ato wa=,
           Nihon-go <A>mo tsukau</A>, Nihon no hito
           ga ki-tara=, Nihon-go hanasu.
           あ = に %, に %, .. 結婚した後は =, 日本語 <A> も使う </A>, 日
           本の人が来たら =, 日本語話す．
```

第3章　日本語の世界

▷2 KAI: <u>go-shujin</u> to wa/?
　　　　ご主人とは？

3 MON: ett/.
　　　　えっ/.

▷4 KAI: dan%, ano=,.. husband wa? husband wa=,.. <u>go-shujin</u>. <u>go-shujin</u> wa Nihon-go ga wakarimashi-ta ka?
　　　　だん%, あの=,..husbandは？ husbandは=,..ご主人. ご主人は日本語が分かりましたか？

→5 MON: .. haru% ha%, haru%,.. nu%, nani?
　　　　.. ハル%ハ%, ハル%,..ぬ%, 何？

▷6 KAI: eetto ne, <u>otto</u>.. <u>otto</u>.
　　　　ええっとね, 夫.. 夫.

→7 MON: otto/?
　　　　夫/?

▷8 KAI: \<P>un\</P>. <u>go-shujin</u>/? <u>shujin</u> wa/?... <u>shujin</u>.. husband.
　　　　\<P>うん\</P>. ご主人/? 主人は/?.. 主人.. husband.

→9 MON: kotoba/?
　　　　言葉/?

10 KAI: hai. Nihon-go ga=, wakarimashi-ta ka?
　　　　はい. 日本語が=, 分かりましたか？

11 MON: un, wakarimashi-ta.
　　　　うん, 分かりました.

▷12 KAI: a=,.. Mon-san no,.. ano=,.. <u>go-shujin</u>/?
　　　　あ=,..モンさんの,..あの=, ご主人/?

13 MON: un.
　　　　うん.

```
14 KAI:    Nihon-go ga wakarima[su ka]?
           日本語が分かりま[すか]?

15 MON:                    [wa]=karimasu.
                           [わ]=かります．
```

▷16 KAI: <P>u=n</P>. Mo%, Mon-san no go-shujin wa moo=,.. moo=,.. ano=--
<P>う=ん</P>．モ%, モンさんのご主人はもう=,..もう=,..あの=--

→17 MON: shin-da.
死んだ．

```
18 KAI:    shini%, shinima[shi%]--
           死に%, 死にま[し%]--

19 MON:                    [un].
                           [うん]．
```

▷20 KAI: <P>a= soo desu ka=\</P>. go-shujin to hanashi o suru toki wa Nihon-go deshi-ta ka/?
<P>あ=そうですか=\</P>．ご主人と話をする時は日本語でしたか/?

→21 MON: (0) a= niyoi%, chigau. i=e, i= yappari jibun-tachi no kotoba de hanasu.
(0) あ=によい%, 違う．い=え, い=やっぱり自分達の言葉で話す．

　これまでの先行研究から，語彙知識はあるか無いかの単純二分割ではなく，知識には程度差があると共通認識されている。例(13)〜(15)からも能動－受動は対極的位置にあるが，その間には程度の差があることが示されている。最も受動的な語彙の場合，

話者はその語彙の一般的に認識される意味を理解するが，自発的には産出できない（例(13), 例(15)）。しかし受動の程度が強くない語彙の場合，話者は適切なインプットを受け，その語彙を活性化すれば，自発的に産出できるようになると言えよう（例(14)）。

5.4. 名詞の借用のタイプ

潜在的に名詞の借用が起こり得る可能性がある物や概念には以下の3タイプがあると考えられる。

1) 以前存在しなかった物や概念（例：TV, high school）
2) 以前存在し，今でも存在する物や概念（例：government, 子供）
3) 以前存在した物や概念だが，現在あまり使用しないもの（例：兵隊, 公学校）

第一のタイプの場合，借用が生じる可能性が高い。インフォーマントは，このタイプの物や概念を日本語の長い文で説明しようとはせずに，借用を用いた。第二のタイプの場合，インフォーマントは借用を用いる場合と用いない場合があった。「飛行機, 子供, 先生」などの語彙は言語切り替えは起こらなかったが，「chicken, bankbook, Korea」などは借用が用いられた。この違いは何だろうか。それは当該語彙の使用頻度に基づく活性化の差と考えられる。図1を参照されたい。

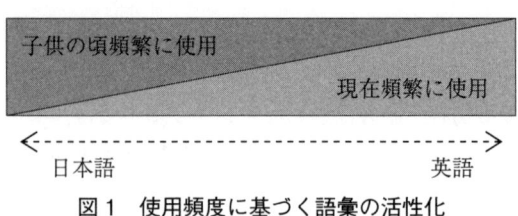

```
子供の頃頻繁に使用
                現在頻繁に使用
<----------------------------->
日本語                    英語
```

図1　使用頻度に基づく語彙の活性化

　Marian & Kaushanskaya（2007）はアクセス可能性（accessibility）と社会言語学的要因によって借用を説明している。彼らは英語環境に住む，ロシア語と英語のバイリンガル話者を対象とした調査から，即時の言語環境（すなわち英語）が語彙の使用頻度と英語の相対的地位に影響を与える為，英語語彙項目がより活性化され，ロシア語発話の中に英語の単語が借用されると説明している。

　本稿でも即時の言語環境が借用に影響を及ぼすと考える。第一のタイプは，当該語彙が英語環境から習得されたものであり，借用が起こる（例：「TV」）。第二のタイプは，インフォーマントが子供の頃頻繁に使用した語彙であり，当時の日常生活に密接に関わりのあったものであれば語彙貯蔵に深く登録され，産出に問題はない（例「子供」）。しかし子供の頃使用頻度がそれほど毎日というわけではなく，対応する英語語彙を現在の社会の中で日常的に頻繁に耳にし，アクセスしやすい場合は借用が起こる（例：「government」）。第三のタイプは，たとえ現在あまり使用しない語彙であっても，子供の頃日常生活の中で使用頻度が高かった語彙であり，今でも語彙貯蔵に深く登録され借用は起こりにくい（例：「兵隊」）。

第3章　日本語の世界

　ただ，第一から第三のどのタイプでも，もう一つのケースがあり得る。それはインフォーマントがどちらの言語にもアクセスできない場合に起こる「発話中断」である。次は発話中断の例である。MIK は英語から借用が出来ず，日本語の語彙にもアクセスできない為，4行目で発話を中断している。

⒃　〈MIKに1945年以前皆何を着ていたか尋ねる〉

```
  1 KAI: a=,.. Nihon%, u=n, sono toki no Nihon-
         jin wa kimono o ki-te-ta-n desu ka?
```
　　　　　あ=,..日本%,う=ん,その時の日本人は着物を着てたんですか？
```
  2 MIK: soo desu.
```
　　　　　そうです．
```
  3 KAI: .. Yappu no hito wa/?
```
　　　　　..ヤップの人は/？
```
→ 4 MIK: .. <@>Yappu no hito wa yappari jibun-
         ra</@> no=--
```
　　　　　..<@>ヤップの人はやっぱり自分ら</@>の=--
```
  5 MIK: .. <P>un</P>.
```
　　　　　..<P>うん</P>
```
  6 KAI: <PP>fuku\</PP>.
```
　　　　　<PP>服\</PP>．
```
  7 MIK: soo desu.
```
　　　　　そうです．

　以上をまとめると，インフォーマントの借用は社会言語的環境と語彙登録の程度によって引き起こされていると言えるだろう。

205

5.5. 述語位置の借用

多くはないが，述語位置にも借用が数例あった。次の例を見てみよう。

(17) 〈1945年以前日本人は着物を着ていたか尋ねる〉

```
1  KAI:  Nihon no hito-tachi wa=, sono toki wa
        kimono o ki-te-ta-n desu [ka]?
        日本の人達は=, その時は着物を着てたんです [か]?
2  EL:                         [Yeah].. <P>
        kimono ki-te</P>. watashi-tachi wa ano=,
        n%, o% o% Koronia ni=, i% iru toki wa
        kimono o kiru.. Yeah.
        [Yeah].. <P>着物着て</P>. 私達はあの=, ん%, お%お%
        コロニアに=, い%いる時は着物を着る.. Yeah.
3  KAI:  <P>u=[2=n</P>2].
        <P>う=[2=ん</P>2].
→4 EL:       [2o2] mura ni it-tara, ano=,..
        change.. ano koshimino o tsukeru.
        [2お2] 村に行ったら, あの=,..change.. あの腰みのをつけ
        る.
```

(18) 〈FUMは最近若い人は地元の料理を食べないと言った後で〉

```
1  FUM:  dakedo, kuru o-kyaku-san wa=, genchi no
        tabemono o=, ajiwat-temi-tai to yuu no
        ga=,.. aru-n desu yo\=. da= uchi demo
```

第3章 日本語の世界

soo yuu tabemono o dasu koto ga dekiru no.
だけど,来るお客さんは=,現地の食べ物を=,味わってみたいとゆうのが=,..あるんですよ\=. だ=うちでもそうゆう食べ物を出すことが出来るの.

2 KAI: un.
うん.

3 FUM: chuumon shi-tekure-ba.
注文してくれば.

4 KAI: \<P>un\</P>.
\<P>うん\</P>.

→5 FUM: ano= ma **reserve=** shi-te/,
あの=ま reserve=して/,

6 KAI: \<PP>u[n\</PP>].
\<PP>う[ん\</PP>].

7 FUM: [ko]nya wa=, Parao no shoku o tabe-tai to ie-ba,
[こ]んやは=,パラオの食を食べたいと言えば,

8 KAI: \<PP>un\</PP>.
\<PP>うん\</PP>.

9 FUM: chanto sono yooni, junbi o shimasu kedo. mainichi no yooni wa junbi wa deki-nai.
ちゃんとその様に,準備をしますけど. 毎日の様には準備は出来ない.

(19) 〈ELは第二次大戦後,米軍がヤップに薬を散布したと言い〉

1 KAI: \<PP>u=[n\</PP>].
\<PP>う=[ん\</PP>].

207

```
  2 EL:           [de]mo= ano=,.. Amerika no hito ga
                  ki-te,.. ano= shima no ue ni= i=, tonde-
→                 ki% ano,.. spray shi-ta.
                  [で]も=あの=,..アメリカの人が来て,..あの=島の上に=
                  い=,飛んで来%あの,..sprayした.
  3 KAI:          <PP>un</PP>.
                  <PP>うん</PP>.
  4 EL:           ano=, soo iu=, byooki no tamede.
                  あの=,そういう=,病気のためで.
```

「change, reserve, spray」は借用である。これらの英語語彙は特に例(18)と(19)で「する」が後接していることからも分かるように,インフォーマントはこれらを動名詞的に使用している。以上の例は述語位置においても借用は名詞形が好まれるということを示している。

5.6. 借用の統語

データの中には少数であるが,形容詞と副詞の借用もあった。次の例を見てみよう。

(20) 〈ANTは1945年以前の生活について語る〉

```
  1 ANT:          yoofuku,.. haka-nai.
                  洋服,..穿かない.
  2 KAI:          <P>u=n</P>.
                  <P>う=ん</P>.
```

第3章　日本語の世界

3 ANT: sorekara=,.. sensee-tachi mo=,
それから=,..先生達も=,

4 KAI: \<P\>un\</P\>.
\<P\>うん\</P\>.

→5 ANT: **very high** sensee i-nai.
very high 先生いない.

(21) 〈UCHは9歳の時に公学校に卒業し，その5年後に卒業したという話をして〉

1 KAI: juusan-sai de gakkoo o sotsugyoo shi-ta-n desu [ka]?
十三歳で学校を卒業したんです[か]?

→2 UCH: [un] un ma= ma= **almost=**, juuyon-sai de% [2uun2] juusan-sai de so% sotsugyoo shimashi-ta.
[うん]うんま=ま=almost=,十四歳で%[2ううん2]十三歳でそ%卒業しました,

3 KAI: [2jyuuyon%2]--
[2十四%2]--

(22) 〈ANTに第二次世界大戦が終了した時何歳だったか尋ねる〉

1 KAI: de, sensoo ga owat-ta toki wa nan-sai deshi-ta ka/?
で,戦争が終わった時は何歳でしたか/?

→2 ANT: sennsoo ga owat-ta toki \<A\>watashi\</A\> wa=, a= a, o% **already** juuroku-sai ya=,..

209

```
juunana-sai/.
```
戦争が終わった時<A>私</A>は=, あ=あ, o% already 十六歳や=,.. 十七歳/.

Myers-Scotton（1993）は「Matrix-Language Frame model（母体言語枠組みモデル）」を提唱している。このモデルによると，母体言語（Matrix Language）がコードスイッチの発話と一連の発話を支配し，もう一つの言語は埋め込み言語（Embedded Language）として同定される。そして母体言語は埋め込み言語からの内容形態素（content morphemes）が挿入される枠組みを設定すると考えられる。Myers-Scottonが主張するように，例⑳〜⑳でも借用は形態的，統語的境界に挿入され，日本語の形態及び統語的枠組みを犯していない。

次の例を見てみよう。ANTの日本語には多くの言語切り替えがあり，その中にコードスイッチと考えられる句や文もあった。

⒆ 〈ANTは1945年以前パラオにどのような官公庁があったか語り〉

```
 1 ANT: Pereryuu ma= yappashi=,.. Pereryuu no
        choo ga at-ta=.
        ペレリューま=やっぱし=,.. ペレリューの庁があった=.
 2 KAI: Pereruu no choo\.
        ペレルーの庁\.
→3 ANT: o o= there%, then this is the, Koror
        Nanyoo-choo at-ta=.
```

第 3 章　日本語の世界

```
            おお= there%, then this is the, KororR南洋庁あった=.
 4 KAI:     Ko[rooru]--
            コ[ロール]--
→5 ANT:     [this] is Koror center=.
            [this] is Koror center=.
 6 KAI:     un/.
            うん/.
→7 ANT:     This is a Koror center= Palau.
            This is a Koror center= Palau.
 8 KAI:     .. [<P>un</P>].
            .. [<P>うん</P>].
→9 ANT:     [Palau] center=.
            [Palau] center=.
10 KAI:     .. sente/? [2sente wa2]--
            .. センテ/?  [2センテは2]--
→11 ANT:               [2like a2]=,.. like a=, very
            higher=, g##t peoples,.. kocchi ni sun-
            deru=.
            [2like a2]=,.. like a=, very higher=, g##t
            peoples,.. こっちに住んでる=.
12 KAI:     fu=[3=n3].
            ふ=[3=ん3].
→13 ANT:      [3po3]licemen also very high police
            here=,.. unda=,.. Nanyoo-cho mo at-ta-
            shi/ koko [4ni=4],
            [3po3]licemen also very high police here=,.. うん
            だ=,.. 南洋庁もあったし/ここ[4に=4],
14 KAI:                  [4u=n4].
```

```
            [4 う=ん4].
15 ANT:     .. Parau-byooin mo at-ta-shi=,
            .. パラウ病院もあったし=,
16 KAI:     u=n.
            う=ん.
→17 ANT:    .. u=n, u,.. like a=,.. a= Nihon no
            gakkoo mo ha kocchi ni at-ta=.
            .. う=ん,う,..like a=,..あ=日本の学校もはこっちに
            あった=.
```

　この例における借用とコードスイッチのパターンを下に図式化してみる。なお,「o=」「う=ん」「like a」などは具体的意味をもたない談話マーカー(Discourse Marker: DM)である。ANTは言語の切り替えが多かったが,この図式に見るように,各々の言語の塊は母体言語の統語枠組みを犯しておらず,13行目の前半のようにbe動詞が抜けていたりする場合はあるものの,各々の言語の枠組みでほぼ文法的に構成されている。11行目「very higher=, g##t peoples」は英語からの句の借用であるが,母体言語である日本語の統語的枠組みを犯さずに主語句として挿入されている。

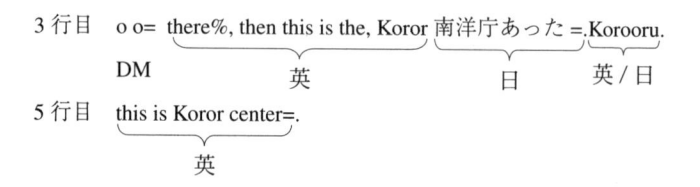

```
3行目  o o=  there%, then this is the, Koror  南洋庁あった=.Korooru.
       DM          英                           日         英/日
5行目  this is Koror center=.
              英
```

7行目　This is a Koror center= Palau.
　　　　　⎵⎵⎵⎵⎵⎵⎵⎵⎵⎵⎵⎵⎵⎵⎵⎵⎵⎵⎵⎵⎵⎵⎵⎵⎵
　　　　　　　　　　　　英

9行目　Palau center=.
　　　　⎵⎵⎵⎵⎵⎵⎵⎵⎵⎵⎵
　　　　　　　英

11行目　like a=,.. like a=, very higher=, g##t peoples,... こっちに住んでる =.
　　　　　　　　　　　　　　　　　　　　主語（借用）　　　　　⎵⎵⎵⎵⎵⎵⎵⎵⎵
　　　　　DM　　　　D　　　　　　　　　　　　　　　　　　　　　　　　日

13行目　policemen also very high police here=,... unda=,
　　　　⎵⎵⎵⎵⎵⎵⎵⎵⎵⎵⎵⎵⎵⎵⎵⎵⎵⎵⎵⎵⎵⎵⎵⎵⎵⎵⎵⎵⎵⎵⎵⎵
　　　　　　　　　　　　英　　　　　　　　　　　　　　　DM

13行目と15行目 ..南洋庁もあったしここに =,.. パラオ病院もあったし =,..
　　　　　　　⎵⎵⎵⎵⎵⎵⎵⎵⎵⎵⎵⎵⎵⎵⎵⎵⎵⎵⎵⎵⎵⎵⎵⎵⎵⎵⎵⎵⎵⎵⎵⎵⎵⎵
　　　　　　　　　　　　　　　　　　　　日

17行目　.. う = ん , う ,.. like a=,.. a= 日本の学校もこっちにあった =.
　　　　　　　　　　　　　　　　　　　　　　　　　　⎵⎵⎵⎵⎵⎵⎵⎵⎵⎵⎵⎵⎵⎵⎵⎵
　　　　　DM　　　　　DM　　　DM　　　　　　　　　　　日

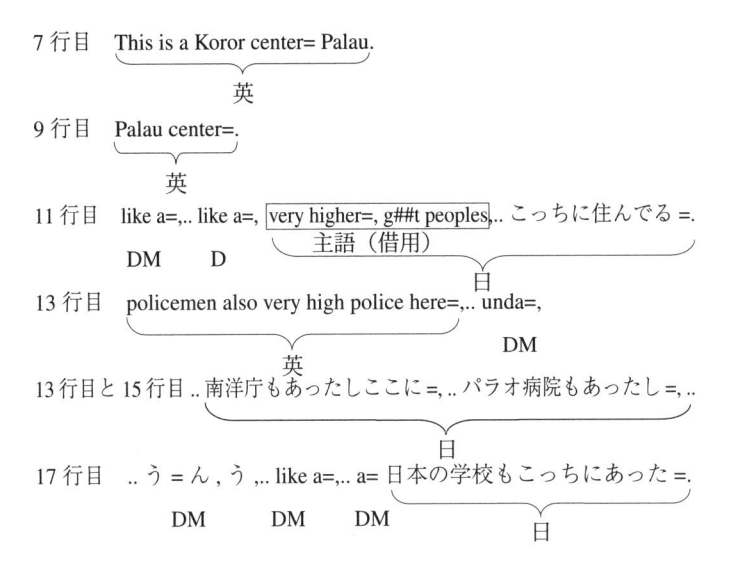

6. 語彙の習得

　日本人の子供は生後10ヶ月から15ヶ月の間に最初の言葉を発し，1.5歳頃に語彙の爆発的増加が起こると言われている。そして就学前期までにおよそ3千から1万語を獲得するようである（岩立・小椋2005）。林（1982）によると，日本人の語彙数は小学生レベルで6千〜2万語，中学生レベルで2万〜4万語，そして日常生活に使用される日本語の語彙数は3万〜4万（佐藤2002）あるいは4万前後（加藤1999）だという報告がある[9]。

　語彙の爆発的増加の後，人は母語話者の場合も第二言語学習者の場合も，メディア媒体や読みを通して語彙を増やすと言わ

213

れる（Huckin & Coady 1999, Nagy, Herman & Anderson 1985, Read 2000）。

　ヤップとパラオにおける公学校教育は3年間であった。そしてその上の補習科も2年間だけで，ほとんどの子供達はカタカナとひらがなは読めても，漢字はほとんでできなかったと言う。これらの地域では戦前テレビやラジオなどのメディア媒体も無く，戦後は日本の本や雑誌などはあまり入ってこなかった。ほとんどのインフォーマントは戦後，日本語からの語彙のインプットを得る機会があまりなかった。本稿のデータは，インフォーマント達が限られた語彙をカバーする為の会話ストラテジーとして借用を活用していることを示している。

7. まとめ

　本稿ではヤップとパラオにおいて戦前日本語による教育を受けた人々の日本語に見られる言語間影響，特に借用について考察した。本稿のデータの中で特筆すべき言語現象として数の借用があった。インフォーマントは，2桁の年号や人の数，値段などは日本語で言えるのに，4桁の西暦といった大きな数を言う場合には英語への言語切り替えを見せた。

　また本稿の考察から，借用が起こる要因は社会的環境と語彙登録の度合いから説明できることが分かった。借用の品詞についてはこれまでの先行研究で述べられているように，ヤップとパラオのインフォーマントの場合も名詞に多く見られた。また

述語位置における借用も名詞形が好まれるようである。そして借用が起こる場合は，母体言語の形態及び統語的枠組みを犯さずに挿入されることが示された。

資料

-	形態素境界	#	聞き取れない音節
.	Intonation Unit の終わり [10]	(0)	途切れなしで次の人の発話開始
,	息継ぎ、ポーズなど	@	笑い
?	明らかな質問	@H	笑いながら息を吸う
--	発話の途中中断	<@> </@>	笑いながら話す
%	単語の途中中断	<#> </#>	聞き取れるが意味が分からない語
\	下降ピッチ		
/	上昇ピッチ	<P> </P>	やさしい又は小さい声
=	音の延ばし	<PP> </PP>	非常に小さい声
..	短いポーズ	<F> </F>	大きい声
...	3 秒ほどのポーズ	<A> </A>	早いしゃべり
...(N)	3 秒以上のポーズ（秒数）	(COUGH)	咳
[ ]	発話の重なり	(TSK)	舌打ち

注

1) Office of SBOC
「http://www.sboc.fm/index.php?id0=Vm0xMFlWbFdTbkpQVm1SU1lrVndVbFpyVWtKUFVUMDk」より。2011 年の数字。
2) The US Department of Commerce （2010: 23）「http://www.census.gov/prod/2011pubs/cffr-10.pdf」より。
3) 南洋群島の教育は三つの期に分けられる。第 1 期は 1914 年（大正 3）12 月 〜 1918 年（大正 7）6 月，第 2 期は 1918 年（大正 7）7 月 〜 1922 年（大正 11）3 月，第 3 期は 1922 年（大正 11）4 月 〜 1945 年（昭和 20) 8 月である。第 1 期は満 8 歳以上満 12 歳以下の児童を対象とし，

4年制の「小学校」（及び土地の状況により補習科の設置も可），第2期は満8歳以上満12歳以下の児童を対象とし3年制の「島民学校」（市庁所在地には2ヵ年以内の補習科の付設），第3期は満8歳以上の児童を対象とした3年制の「公学校」とその上の補習科2年が設置された。
4) 数字は各々，臺灣省行政長官公署統計室（1946）及び弘谷・広川（1973）より引用。
5) 台湾と朝鮮には大学まであり，また日本に留学する子弟もいた。
6) インフォーマントは調査当時全員77歳以上だったが，話の中で前述の年齢とは違う年齢を言うこともあった。よってインフォーマントの誕生年と年齢は参考的に見てもらいたい。
7) 大日本帝国の特殊会社で，通称「南拓」と呼ばれた。本社は南洋群島パラオ諸島コロール島にあり，南拓は業務として「燐鉱探掘，事業海運，土地経営，拓殖移民，資金供給，定期預リ金」を掲げていた。
8) インフォーマントが出生年や年齢についてインタビューの中で言及していない場合，これらの情報はインタビューの後，紙によるアンケートの中で答えてもらった。EL は先ず昭和で答え，大正で言い直した。UCH は西暦から計算すると大正生まれのはずだが，昭和で答えた。
9) ただ語彙量は個人差が大きく，20歳の人を対象とした調査では男性が1.5万〜8.7万語，女性が2万〜7万語という結果もある（林 1982: 182）。また加藤（1999: 107）は，日本の小学校の教科書には約1万語が現れ，高校生が理解し得る語彙量は平均で約3万語であるとしている。
10) Chafe（1987）によると「intonation unit（IU）」は結束したイントネーション輪郭（coherent intonation contour）の特徴があり，IU の区切りは（1）ポーズ，（2）音節の伸ばし，IU 最後で発話がゆっくりになる，（3）次の IU の始まりで発話速度が速くなる，（4）ピッチが変わる，などの特徴が見られる。

参考文献

岩立志津夫・小椋たみ子（編）（2005）『よくわかる言語発達』ミネルヴァ書房.
甲斐ますみ（2013）『台湾における国語としての日本語習得−台湾人の言

語習得と言語保持, そしてその他の植民地との比較から』ひつじ書房
加藤彰彦（1999）「教育基本語」玉村文雄編『講座　日本語と日本語教育　第7巻　日本語の語彙・意味（下）』明治書院, 106-120.
佐藤武義（2002）「語と語彙構造」飛田良文・佐藤武義（編）『現代日本語講座　第4巻　語彙』明治書院, 1-19.
渋谷勝巳（1995）「多くの借用語と高い日本語能力を保ち続ける人々」『月刊日本語』22 (5), アルク, 22-25.
渋谷勝巳（1997）「旧南洋群島に残存する日本語の動詞の文法カテゴリー」『阪大日本語研究』9号, 61-76.
臺灣省行政長官公署統計室（編）（1946）『臺灣省五十一年來統計提要』.
多仁安代（2000b）『大東亜共栄圏と日本語』勁草書房.
ダニエルロング・新井正人（2012）『マリアナ諸島に残存する日本語―その中間言語的特徴』明治書院
林大（監修）（1982）『図説日本語』角川書店.
宮脇弘幸（1994）「旧南洋群島における皇民化教育の実態調査－マジュロ・ポナペ・トラックにおける聞き取り調査」『教育研究所　研究年報』17集, 成城学園教育研究所, 167-210.
宮脇弘幸（1995）「旧南洋群島における日本化教育の構造と実態及び残存形態」,『人文社会科学論叢』4号, 宮城学院女子大学人文社会科学研究所, 53-105.
森岡純子（2006）「パラオにおける戦前日本語教育とその影響－戦前日本語教育を受けたパラオ人の聞き取り調査から－」『山口幸二教授退職記念論集　ことばとそのひろがり（4）』立命館大学法学会編集, 331-397.
矢内原忠雄（1935）『南洋群島の研究』岩波書店.
由井紀久子（1998）「旧南洋群島公学校における日本語教育の諸問題」『無差』5号, 京都外国語大学日本語学科, 77-98.
由井紀久子（2000）「ミクロネシアの日本語－形成と機能」『国文学解釈と鑑賞』65号 (7), 133-138.
由井紀久子（2002）「「日本語」から「国語」へ－旧南洋群島でのことばによる統合力の構築－」『京都外国語大学研究論叢』59号, 京都外国語大学, 239-246

Auer, Peter (1984) *Bilingual conversation*. Amsterdam: J. Benjamins.
Auer, Peter. (1998) Introduction; Bilingual conversation revised. In P. Auer (ed.),

Code-switching in conversation: Language, interaction and identity (pp.1-24). London: Routledge.

Angermeyer, S. Philip. (2002) Lexical cohesion in multilingual conversation. *International Journal of Bilingualism, 6,* 361-389.

Berko-Gleason, Jean. (1982) Insights from child language acquisition for second language loss, In R. D. Lambert & B. F. Freed (eds.), *The loss of language skills* (pp.13-23). Rowley, London, Tokyo: Newbury House.

Chafe, Wallace L. (1987) Cognitive constraints on information flow. In R. Tomlin (ed.), *Coherence and grounding in discourse* (pp. 21-51). Amsterdam: John Benjamins.

Chafe, Wallace L. (1994) *Discourse, consciousness, and time: The flow and displacement of conscious experience in speaking and writing.* Chicago: University of Chicago Press.

Du Bois, J., Cumming, S., Schvetze-Coburn, S., & Paolino, D. (1992) *Discourse transcription: Santa Barbara Papers in Linguistics vol. 4.* Santa Barbara Department of Linguistics, University of California, Santa Barbara.

Du Bois, J., Schuetze-Coburn, S., Cumming, S., & Paolino, D. (1993) Outline of discourse transcription. In J. A.Edwards & M. D. Lampert (eds.), *Talking data* (pp.45-90). New Jersey: Lawrence Erlbaum.

Haugen, Einar. (1953) *The Norwegian language in America.* Philadelphia: University of Pennsylvania Press.

Huckin, Thomas & Coady, James. (1999) Incidental vocabulary acquisition in a second language. *Studies in Second Language Acquisition, 21,* 181-193.

Joshi, Aravind K. (1985) Processing of sentences with intrasentential codeswitching. In D. Dowty, L. Karttuneen, & A. Zwicky (eds.), *Natural language parsing: Psychological, computational and theoretical perspectives* (pp.190-205). Cambridge: Cambridge University Press.

Kai, Masumi. (2011) The Japanese language spoken by elderly Yap people: Oral proficiency and grammatical aspects. *Language and Linguistics in Oceania, 3,* 23-39.

Kai, Masumi. (2012) Elderly Palauans' Japanese competence: Observations from their predicate forms. *Language and Linguistics in Oceania, 4,* 59-90.

Lado, Robert. (1957) *Linguistics across cultures.* Ann Arbor, MI: University of Michigan Press.

Marian, Viorica & Kaushanskaya, Margarita. (2007) Cross-linguistic transfer and borrowing in bilinguals. *Applied Psycholinguistics, 28,* 369-390.

Matsumoto, Kazuko. (2001a) Multilingualism in Palau: Language contact with Japanese and English. In Thomas E. McAuley (ed.), *Language change in East Asia* (pp.87-142). Richmond, Surrey: Curzon.

Matsumoto, Kazuko. (2001b) *Language contact and change in Micronesia: Evidence from the multilingual Republic of Palau.* PhD dissertation. University of Essex.

Muysken, Pieter. (2000) *Bilingual speech: A typology of code-mixing.* Cambridge, U.K.: Cambridge University Press.

Myers-Scotton, Carol. (1993) *Dueling languages: Grammatical structure in code-switching. Oxford:* Oxford University Press.

Nagy, W., Herman, P., & Anderson, R. (1985) Learning word from context, *Reading Research Quarterly, 20,* 33-253.

Odlin, Terence. (1989) *Language transfer: Cross-linguistic influence in language learning.* Cambridge: Cambridge University Press.

Poplack, Shana. (1980) Sometimes I'll start a sentence in Spanish Y TERMINO EN ESPAÑOL: Toward a typology of codeswitching. *Linguistics, 18,* 581-618.

Read, John. (2000) *Assessing vocabulary.* Cambridge: Cambridge University Press.

Van Hell, G. Janet & De Groot, M. B. Annette. (1998) Conceptual representations in bilingual memory: Effects of concreteness and cognate status in word association. *Bilingualism: Language and cognition, 1,* 193-211.

Weinreich, Uriel. (1953) *Languages in contact.* The Hague: Mouton.

Yui, Kikuko. (1998) The formation of Micronesian Japanese: Teaching Japanese at public schools in Nan'yogunto. *Memoirs of the Faculty of Literature, Osaka University, 38,* 7-14. Retrieved from http://ci.nii.ac.jp/naid/110004721623

3-3 パラオ日本語の語用論的変異と変化*

松本和子

1. はじめに

　本稿では，旧南洋群島パラオ島に残存する日本語変種において観察される2つのタグ「デショ」と「ダロ」の用法・機能およびその社会的・用法的分布，そしてその諸要因を明らかにする。いわゆる「接触言語」としての日本語で使用されるタグの研究は，社会言語学的な意義がきわめて大きい。これは，パラオのみならず，台湾やサイパン，サハリンなど日本による支配の終焉から長い年月を経た他の旧日本統治領においても，さらには意外なことに東京の若年層においても，タグの用法において，ほぼ同一の変化が観察される（簡 2009）からである。このことより，簡（2008: 377）は旧植民地域の日本語変種における言語変化が，本土日本の日本語変種の言語変化を「先取りしている」と指摘している。

　しかし，この指摘は，旧英国植民地域に関する社会言語学の研究で定説とされる「colonial lag（コロニアルラグ）」と相容れ

ないものである。コロニアルラグとは，旧植民地域の英語変種はイギリス本土の英語変種に比べ保守的で言語変化の速度が遅いため，1世代程遅れて変化が観察される（Trudgill 1986）という説である。さらに，新しいタグの用法に関する研究は，そもそも複数の旧日本統治領が地理的に隣接しておらず，また各地で日本語と接触した現地語も異なるにもかかわらず，なぜ同一・同様の言語変化が発生したのかとの興味深い疑問も提起する。

　以下，第2節では，日本統治下のパラオにおける日本語の普及・浸透・定着の言語環境を明らかにする目的から，邦人移民の推移と国語・日本語教育を概説し，日本語の使用状況を紹介する。こうした言語接触の歴史や話者が置かれてきた言語環境に考察を加えることは，残存する「パラオ日本語」の形成過程および変異（バリエーション）を理解し，今後の展開を予測するうえで必要だからである。また第3節では，本研究で用いた調査方法および分析手法を概述する。さらに第4節では，当該研究の定量分析の結果を示しながら，その背景や要因を記し，本稿全体として，パラオ日本語の言語変化の過程を理解するためには，(1)言語形成期における言語環境を調査究明するとともに，(2)言語変化の機能自体を解明することが不可欠であるとの結論を導き出すことにする。

2. 背景

　パラオ諸島は西太平洋に位置する，人口 20,300 人の群島であり（Office of Planning and Statistics 2005），かつて日本では南洋群島と呼ばれた現在のミクロネシア地域に含まれる。一世紀にわたってスペインをはじめ，ドイツや日本，アメリカといった列強各国の支配下に置かれた結果，オーストロネシア語族に属する現地語・パラオ語は，複数の宗主国言語との接触を強いら

表1　パラオにおける言語接触の歴史

期間	接触した言語	接触を起こした要因	行政
1885–1899 （14年間）	スペイン語	キリスト教活動	スペイン政府
1899–1914 （15年間）	ドイツ語	キリスト教活動・軍事活動 鉱業採掘	ドイツ政府
1914–1945 （31年間）	日本語	移民・教育・文化的ヘゲモニー 商業活動・産業開発・軍事活動	国際連盟が定めた 日本の委任統治領 （1933年まで）
1945–1994 （49年間）	米国英語	政治交渉・教育・文化的ヘゲモニー	国際連合が定めた 米国の太平洋諸島 信託統治領 （1947年から）
	フィリピン英語	労働移民	
	日本語	観光産業・文化的ヘゲモニー	
1994–現在	米国英語	政治交渉・教育・文化的ヘゲモニー	パラオ共和国 （米国との自由連 合協定を締結）
	フィリピン英語	労働移民	
	日本語	観光産業・文化的ヘゲモニー・教育	

Matsumoto（2001b）をもとに作成

第3章　日本語の世界

れてきた。表1はパラオにもたらされた言語と各統治下において言語接触を引き起こした要因を年代順にまとめたものである（パラオの言語接触の歴史に関する詳細は Matsumoto 2010b, Matsumoto & Britain 2006 を参照）。

　わが国と南洋群島との関係は，一世紀近く前まで遡る。1914年，日本は赤道以北の旧ドイツ領を支配下に置き，その後，南洋群島は国際連盟によって日本の委任統治領になったため，その統治機関として南洋庁（本庁はパラオの元首都コロール）が設置された。この実質的な植民地支配は1933年の日本の国際連盟脱退後も継続し，1945年までの約30年間に及んだ。その結果，本庁所在地となったパラオは，当時のミクロネシアの政治・経済・教育および文化の中心地として繁栄した。

　パラオにおける言語環境を考えるうえで重要な要素となるのは，教育の普及と日本からの移民流入である。まず教育の普及に関しては，学校規則や科目，修学年数において若干の変遷はあるものの，基本的に初等教育においては，邦人移民の児童が小学校で学んだのに対し，ミクロネシアの児童は現地の公学校（本科三年，補習科二年）で国語教育等を受けた。卒業後，優秀な学生へは木工徒弟養成所や看護婦養成所等の専門教育が，また酋長の子弟へは日本での教育の道が用意されていた。とりわけパラオ人の進学率は高く，現地でインタビューをしたほとんどの高齢者が5年間の初等教育を終えており，少なからぬ男性は専門教育を修了している（Matsumoto 2001a）。各種の専門教育では，その大多数を占めたパラオ人と他のミクロネシアの島嶼から選抜された学生たちが，日本語をリンガ・フランカとし

223

て意思疎通を図っていたという。

　学校教育だけではなく，「青年団」や「同窓会」「練習生」と称された諸制度を通じても，日本語や皇民化思想，皇国史観の浸透が図られた。青年団や同窓会は，日本の精神修養や集団行動，勤労奉仕等を定着させ，卒業後も日本社会との密接な関わりを促すために活用されたものである。一方，練習生とは補習科在学中，および卒業後，邦人宅で給仕として働き給与を得る制度であった。学校とは異なる環境で，日本の言語や生活習慣を大いに学ぶことができたと証言するパラオ人は多い。パラオ史の専門家であるShuster（1982: 167-168）は，学校の教師よりも主婦の方が効果的な「日本語教師」であったと以下のように述べている：

> 日本人の家庭環境は学校の延長となり，そのようなくつろいだ雰囲気の中で，おそらくパラオ人の若者は日本語とそれに関連した文化的ニュアンスを，教室の厳格な雰囲気の中でよりもずっと速くそして効果的に学んだだろう[1]。

　一方，移民に関しては，当時の日本政府によって本格的な移民政策が実施され，パラオ人の人口を遥かに上回る数の邦人が流入した。日本の統治下では，支配層である政府・軍関係者を除けば，移民の多くはそもそも定住を目的とした民間人であり，当然のことながら滞在期間も長期にわたった。表2は，邦人と島民の人口の推移を表しているが，1935年にはすでに島民と邦人の人口がほぼ同数になり，それ以降，島民の3倍，4倍の邦人が流入したことを示す。パラオは日本の旧植民地域の中で

も，現地人に対する邦人移民の割合がとりわけ高く，コロールはその最たるものであった。1939年にコロールではパラオ人住民の8倍もの邦人人口を記録するほどであった（南洋庁 1942）。

表2　パラオの人口推移

年	総人口	島民	邦人	(男女内訳)	
1922	5,323	4,720	585	409	176
1923	6,500	5,770	711	502	209
1924	6,608	5,717	783	587	295
1925	6,435	5,305	1,115	709	406
1926	7,153	5,763	1,376	874	502
1930	8,102	6,009	2,078	1,266	812
1935	12,798	6,230	6,553	4,325	2,228
1937	23,584	6,509	17,006	10,977	6,029
1940	30,385	6,587	23,767	15,320	8,447
1941	30,511	6,514	23,980	15,045	8,935

出典：南洋庁 (1928, 1939, 1941, 1942)『南洋群島要覧』

　南洋群島の中には日本人専用の入植地が新たに設けられた島もあるが[2)]，コロールではそのような区分はなかったため，幼少時代から近隣の邦人児童との遊びを通じ，就学前より日本語を相当程度話せたと証言するパラオ人は多い。そうしたパラオ人たちは，『桃太郎』をはじめとする昔話や童謡，縄跳びやケンケン，お手玉，お弾き，花札，掛け算の九九など，多くの日本の遊びを習得していた。太平洋戦争中，あるいはそれ以後に生まれたパラオ人は，当然ながら日本統治下の国語教育を受け

ていないにもかかわらず，日本語を聴解し，一定の話力がある者が少なくないのは，こうした自然習得の機会が豊富にあったためである。

　また，こうした居住環境に加え，移民の多くが男性であった（表2を参照）ことから，パラオ人女性と邦人男性が結婚へ至る事例も多く見られた。現地女性との間のいわゆる混血の日系パラオ人が多く誕生し，彼らは日本文化・日本語の継承者となり，伝播役を担うことになった。

　こうした邦人移民の大量流入が，パラオ社会全般に多大な影響を及ぼしたことは容易に想像がつく。たとえば，邦人移民によってインフラが整備され，漁業・農業・鉱業などの産業も大きく発展した。首都コロールの繁華街には商店や飲食店，官庁や会社の建物が並び，裏通りには工場や研究所，売春宿が建てられ，たとえスコールが降っても軒下を歩けば濡れずに歩けるほどであったと多くのパラオ人が証言する。このような劇的な景観の変化について，当時のコロールを訪れたジャーナリストや宣教師，学者から，「横浜の郊外」（Shuster 1978: 13），「美しい南国都市」（Kluge 1991: 5），「リトルトーキョー」（Leibowitz 1996: 14）と評されるほどであった。

　さらに，日本の支配下にあり，また邦人移民が大多数を占めていたことから，当時コロールでは，職場や物品の購入，居住地区における隣人との交流などの幅広い「domain（ドメイン，領域）」において日本語の使用が求められた。言い換えれば，日本語は学校教育だけでなく，日常的に使われる第二言語となっていたのである。こうした日本人とパラオ人との間の日常

的かつ多角的な交流の程度と頻度は,パラオにおいて日本語の現地変種「パラオ日本語」を生み出すほどに高いものであったといえる(Matsumoto & Britain 2003c)。

　しかし終戦により,その後半世紀近く,パラオはアメリカの信託統治下に置かれた。アメリカ施政下への移行に伴って邦人移民は本国に強制送還され,パラオ人が日本語を使用する機会は激減し,代わって英語が「diglossia(ダイグロシア)」(Ferguson 1959)の「高位」言語として導入された。パラオは1994年に米国との自由連合協定(コンパクト)を結び,国連信託統治領の中で最後の独立国となったが,日米の文化・言語との接触は,かつてのヨーロッパ各国の支配勢力よりも集中的かつ長期にわたったため,両国による統治の軌跡と余韻がいまだに色濃く残っている。たとえば英語は土着の言語であるパラオ語とともに公用語として使われ続け,日本語教育は広くパラオの高校や短期大学で外国語として導入されている。パラオ語は唯一の国語として使用されるドメインを,以前よりも拡大することに一定の範囲で成功しており,居住地域における諸活動だけでなく,ラジオや職場,物品の購入等でも用いられるようになっているが,公的文書や学校の教科書,新聞[3]は依然として英語で書かれているため,パラオの社会言語学的状況はいまだダイクロシアと分類される(詳細はMatsumoto & Britain 2003aを参照)。

　統治国の交代による言語接触の歴史は,パラオを現在の多言語社会へと変貌させたのであるが,たとえば80歳超の大半のパラオ人はもともとパラオ語と日本語のバイリンガルであるものの,1945年を機に日本語の運用能力は急速に衰退し,多く

のパラオ人の高齢者が Semi-speaker（詳細は以下参照）となり，逆にパラオ語と英語のバイリンガルである若年層は潜在的な日本語学習者となった。さらに，少数の英語のモノリンガルであるエリート層が現れはじめているため，こうした兆候はパラオ語消滅の初期症状ではないかと懸念する声もある。

　以上のように，パラオは社会的変化と連動して変化する言語を観察するにはきわめて意義のある地域・コミュニティであるといえる。すなわち，1914年の日本による統治の開始と日本語話者の渡来，第二次世界大戦後の彼らの退去，そしてアメリカの信託統治下での英語使用の拡大といった一連の流れの中で，パラオ日本語の盛衰が考察されることは，社会言語学的に貴重な研究材料を提供してくれるものである。そこで，以下，そのような社会的変化がどのようにパラオ日本語の形成と衰退に影響したのかを，「デショ」と「ダロ」という語用論的変異に焦点を当てて分析した結果を述べることにする。

3. 調査分析方法

3.1. サンプルの属性と抽出

　本調査では，日本語の自然習得の機会に溢れていたコロールで幼少期を過ごしたパラオ日本語話者を対象に，日本語能力とエスニシティ，ジェンダーという3つを軸にサンプルの抽出を行った。日本語能力では，表3が示すように，まず Dorian

第3章 日本語の世界

(1981, 2010) のスコットランド・ゲール語の衰退の研究手法に援用し，パラオ日本語の2つの話者タイプ「Fluent speakers」と「Semi-speaker」からデータを収集した。Fluent speaker とは，日本の統治時代に生まれ成人に至るまで，日本の教育を受け，日本人の下で，あるいは共に働いた経験があるため，流暢な日本語を話し，高い「sociolinguistic competence（社会言語学的能力）」を保持する話者を指す。

一方，Semi-speaker とは日本統治時代後半に生まれ，近隣の邦人児童との遊びや，隣人邦人との交流を通じて日本語を自然習得している話者であるが，彼らには学校における日本語教育を受けた程度や内容に一貫性・統一性はなく，また職場で日本語を使うことなく今日に至っているため，総じて Fluent speaker と比較して「linguistic repertoire（言語学的レパートリー）」が狭く，文レベルで日本語を生み出すことはできるものの，その構造と機能は限定的である。なお，話者の年齢に関しては，ほとんどの場合，Fluent speaker が Semi-speaker よりも高齢である。

エスニシティに関しては，両親がパラオ人である「パラオ人」と，父親が日本人・母親がパラオ人である混血の「日系パラオ人」という2つの分類を設けた。前述したように，日本統治時

表3　エスニシティ、性、日本語能力ごとの被験者数

	Fluent speaker		Semi-speaker		合計
	男性	女性	男性	女性	
パラオ人	10	10	5	5	30
日系パラオ人	10	10	5	5	30
合計	20	20	10	10	60

代，コロールでは日常生活の中で日本語に触れる機会が豊富にあった。つまり，パラオ人も日系パラオ人も，学校・職場・物品購入のドメインのみならず，近隣ドメインにおいても邦人との接触を多く持っていたのである。その一方，パラオ人と日系パラオ人の明確な差異は，後者が家庭内においてパラオ語とともに日本語も自然習得したのに対し，前者にはそのような形跡がない点にある。また，ジェンダーに関しては，男女の割合を同等としたが，それぞれのジェンダーの社会生活における役割等の詳細に関しては，第4節で詳述することとする。

3.2.「デショ」と「ダロ」の用法と機能

　日本本土で使われる日本語の「デショ（ウ）」と「ダロ（ウ）」の扱いや定義，位置づけは，学問分野によって異なる。国語教育では，「デショ」と「ダロ」は，それぞれ助動詞「デス」（丁寧）と「ダ」（非丁寧）の未然形に推量の助動詞「ウ」が後接し，これらが組み合わされるとどちらも「推量」の意を表すものとされる（新村 1998: 1684, 1829）。つまり，「デショ」と「ダロ」の違いは丁寧さ（ポライトネス）の度合いにあり，前者が「丁寧」を表す一方，後者は丁寧さの点ではそれに劣り，「中立」であるといえる。しかしながら，言語学的研究においては，「デショ」と「ダロ」はモダリティを表現するタグとされている。

　本調査のパラオ日本語データでは，タグの用法を大きく以下の3つに分類したが，そのうち2つの用法は本土の日本語と同一である（本土の日本語におけるタグの分類と詳細に関しては，

第3章　日本語の世界

三宅 1996; 中北 2000; 宮崎 2000 等を参照)。すなわち，1つ目の用法は，いわゆる「推量」であり，話者が「ダロ」の手前で発言した内容を推測していることを表現するものである。例(1)は，聞き手である調査者が，調査協力者（被験者）の家族に後でアンケートに記入してもらうように用紙を置いていくべきか，それとも家族に直接口頭でアンケート内容を質問すべきかを尋ねた際のものである。

(1)　A[4]：あんたがいないと，おそらくはチェックしない<u>だろ</u>。

よってこの場合の「ダロ」は，話し手が自分の家族はアンケートを記入しないと推測することを表現しているため，「推量」と分類される。

　2つ目の用法は，聞き手から確認を引き出す際に用いられるため，「確認要求」と呼ばれる。もっとも，下記に示されるように確認される事柄によってさらに複数の下位分類に枝分けされる。

(2)　A：内地は去年寒かった<u>でしょ</u>？
　　　B：ええ，今年の冬も大雪なんです。

この場合の「デショ」は，話し手が去年日本は寒かったという命題を推測していることを表現していることから(1)の推量と類似している一方，自分の推量が正しいかどうかを聞き手に問いかける効果も併せ持つため，聞き手に対して応答することが期待される。このため，本研究では「確認要求」の第一の下位分

類となるこの用法を「推量確認要求」と呼ぶ。

(3)　A：今，新しいホテルがある<u>でしょ</u>？
　　　B：ええ。
　　　A：あそこに住んでいたんです。

　この例では，「デショ」を用いることで，話し手は新しいホテルがあるという自分の知識を聞き手も共有していると確信しながらも，聞き手が実際に知っていることを確認している。したがって，「確認要求」の第二の下位分類となるこの用法を「共有知識確認要求」と呼ぶ。

(4)　A：常夏の人はあったかいところにいるとね，のんきになる<u>でしょ</u>？

　この例では，話し手は熱帯の島の人々に対する自分の評価が聞き手に共有されていると確信しながらも，聞き手が実際に同様の評価をすることを確認している。よって，「確認要求」の第三の下位分類となるこの用法を「共有評価確認要求」と呼ぶ。
　以上の「推量確認要求」と「共有知識確認要求」「共有評価確認要求」の３つが，本調査のパラオ日本語データにおいて最も頻繁に使われた確認要求用法の下位分類であるが[5]，もとより「デショ」および「ダロ」の推量と確認要求としての用法は，パラオ日本語と本土日本語の両方において観察される。しかし，興味深いのは，次に紹介するタグの拡張用法であり，

もっぱらパラオ日本語で広く観察される。すなわち，これは2つ目の用法「確認要求」の第三の下位分類「共有知識確認要求」の用法が拡張されたもので，知識が聞き手に共有されていない場合であっても「デショ」「ダロ」を使うというものである。例(5)は，初対面の調査協力者Aと調査者Bとの会話の録音内容の一部である。

(5)　A：ぼくも若い時からずっと飲んでいたでしょ。
　　 B：ええ？
　　 A：ほんで，もう決めたんですよ，もうこれで最後だって。

話者AとBは初対面であるため，聞き手である調査者は被験者の飲酒の習慣について知るはずもなく，被験者もまた聞き手が知らないということを当然認識していたはずである。換言すれば，話し手と聞き手が同じ知識・情報を共有していないことは明白であり，話者が共有知識に対する確認要求を意図していたわけではない。すなわち，この話者がこの文脈で「デショ」を用いた理由は他に求められる。そしてその理由を探るためには，タグの新用法が有する「interactional functions（対話上の機能）」および「social and affective function（社会的・情緒的機能）」を解明する必要がある。

　まず，タグの新用法には4つの対話上の機能が観察される。端的に述べると，[1] 聞き手が共有しない知識・情報を話題として提起すると同時に，[2] 話し手がその話題を発展させたい意思が表示されるため，[3] 聞き手は最小限の応答しか期待さ

れず，[4] すぐさま話し手は当該話題を展開させるという対話上の機能である。これを例(5)に当てはめると，話者はまず聞き手の知りえない自分の過去の飲酒習慣という話題を提起し，聞き手が最小限の相槌をうつと，自分の飲酒が引き起こしたさまざまな問題や禁酒の難しさに関して語りを続けたという対話の流れを理解することができる。

一方，新用法のタグの社会的・情緒的機能とは，聞き手への「positive politeness（ポジティブポライトネス）」（Brown & Levinson 1987）を提示することであり，聞き手との距離を縮めることによって親近感をかもし出し，仲間・連帯意識を芽生えさせようとするものである。たとえば，聞き手が知らない自分自身についての知識・情報を，あたかも聞き手も知っているかのように話すことにより，聞き手との距離を縮めようとしている（Brown & Levinson 1987：118-124）と解釈できる。同様に，聞き手に何らかの応答を求めることによって（たとえその応答が見かけ上だけのものであっても），話し手は（表面的には）聞き手を会話に誘い込み，協調して会話を構築していこうとする姿勢を示すことができる（Brown & Levinson 1987：125）。したがって，本土の日本語話者の多くは首都圏の若年層のこうしたタグの新用法に対して「失礼」「馴れ馴れしい」といった違和感を覚えるのに対し，パラオではむしろ肯定的・好意的に用いられている。

なお，本稿では，前述の3つの用法，すなわち推量と確認要求，そして拡張用法を第4節で記す定量分析の際に採用することにする。

3.3. データ

　本稿は，パラオ社会における多言語の住み分け，言語維持と交替，借用語，方言接触と新方言形成，言語衰退等の一連の研究の一部である（Matsumoto 2001a, 2001b, 2010a, 2010b, 2010c; Matsumoto & Britain 2003a, 2003b, 2003c, 2006, 2012 を参照）。1997年よりパラオにおいて，延べ1年に及ぶ参与観察や，200名を超えるインタビュー調査やアンケート調査，200時間以上の会話の録音データなど様々なデータを収集してきた。しかし本稿では，あえて初対面の60人の調査協力者との初回インタビューデータのみを対象とした（理由は後述）。また，当該インタビューの中では，全ての対象者に調査票にもとづいて同じ質問をし（調査票については Matsumoto 2001a を参照），約50時間の録音を分析対象とした。

　今回の分析で用いたデータには，インタビューの際に見られる典型的な「質問と応答の発話スタイル」が含まれているため，実際の会話データよりもタグの現れる頻度が低いことが当初より予測されていた（たとえば，Stubbe & Holmes 1995: 77-80 はニュージーランド英語のタグに関する研究で，その使用頻度にインタビューデータと会話データの間で有意な差があることを明らかにした）。なぜなら，インタビューという場面では，調査協力者は調査者からの質問に端的に答えることが役割だと認識しがちであるため，調査協力者が自発的にタグを使うことはあまり期待できないからである（Milroy & Gordon 2003: 63）。

　しかし，今回のデータには「質問と応答の発話スタイル」だ

けでなく，調査協力者からのインフォーマルな長い「語り」も含まれている。たとえば，アンケートの質問が話者の若かりし頃の「古き良き時代」の記憶を思い出させた結果，質問に的確に答えるのではなく，日本統治時代の写真を見せながら，あるいは当時の懐かしい歌を歌いながら，長く複雑な語りが展開され，その後にそもそもの質問の答えに到達するといった事例もある。このため，両者を明確に区分することは困難であることから，両者とも分析の対象とした。こうした語りもデータに含めることによって，本調査では結果的に 50 時間の録音の中から 550 以上のトークンが得られた。これは英語のタグの研究と比較しても相当な数に上るため，十分かつ有効なデータであると考えられる。

3.4. 「デショ」と「ダロ」の定量分析に関する留意点

いわゆる「Variationist Sociolinguistics（変異理論を用いた社会言語学）」の研究手法は，これまで音韻レベルの変異研究を中心に発展・確立してきた。一方，近年盛んになり始めた語用論レベルの変異研究においては，語用論特有の分析手法が模索・考案されている際中であるため，必然的に幾多もの問題に直面する（Pichler 2010）。最大の問題となる「envelope of variation（選択可能な形式が使われうる全ての文脈）」に関し，本研究では，まず「デショ」と「ダロ」を入れ替え可能な形式（variant）[6]として扱うことにした。これは，「デショ」と「ダロ」の選択は意味論上の違いによるものではなく，主として丁寧さ（前述

の通り）の濃淡の違いによるものだからである[7]。その一方,「デショ」あるいは「ダロ」が使われる可能性がある文脈において,実際には使用されなかった箇所を推定することは不可能であるため,第三の選択肢としてゼロ形式を加えることはできない。これは,従来の社会言語学,とりわけ音韻変異に関する実証研究で定着している定量化の手法をそのまま本研究で採用することができないことを意味する。

その反面,話者によって発話量が当然異なることを考慮すると,「デショ」と「ダロ」のトークンの単なる合計（つまり単純な回数）のみに頼るような定量化は避けなければならない。このため本研究では,Labov（1982: 87）の「principle of accountability（アカウンタビリティの原則）」に沿って考案されたMeyerhoff（1992, 1994）のインデックス化の手法を採用した。すなわち,「デショ」と「ダロ」のトークン数を話者の会話量に応じて算出する方法である。本研究ではインタビュー中に使われたタグのトークン数を発話分数で除し,それに100を乗ずることで各話者のインデックスを算出した。

本研究ではまた,各トークンを各用法へ分類する際に客観性を持たせ,また精度と確度を高めるための取組みもなされている。Holmes（1995: 113）がニュージーランド英語のタグの分析で認めていたように,実際に「タグの解釈は主観的な作業」となりうるため,できるかぎり潜在的なバイアス・主観を排除すべきだからである。本研究では大きく3つの工夫を施し,「主観の最小化」が図られている。すなわち,1つ目は「初対面の話者との初回のインタビューのデータ」のみを調査の対象とし

たことである。これは，初回インタビューデータを使うことにより，タグがもたらす話題や情報が聞き手（つまり調査者である著者）にとって新しいものかどうかを明確に判断する手助けとなるからである。タグの拡張用法と従来の共有知識確認用法とを区分けするためには，調査者は当該情報が調査協力者と調査者の間で共有されていた，もしくは共有されていると思われるもの（つまり共有知識確認要求）と，情報が調査者にとって新しいもの（つまり拡張用法）を区別できなくてはならない。しかし，調査者はパラオにおける長期の参与観察を通じ，調査協力者の個人的な情報を知見しうる立場に置かれた。それに対し，初対面時の初回インタビューデータを用いれば，調査協力者の発話の中の多くの個人的な情報が調査者と共有されていないと見なすことができる。この結果，話題や情報が聞き手（調査者）にとって新しいものかどうかの判断が容易になり，新用法と従来の用法の識別の円滑化を図ることができた。

　２つ目は，あえて話題・情報の内容も吟味したことである。これは，実際のインタビューでは，調査者にとって新しい情報であっても，話し手が聞き手と共有していると錯覚している例もあるため，もし上記のように話題・情報が聞き手にとって新しいか否かの基準だけで判断すれば，本来は共有知識確認用法に分類されるべきところを，誤って拡張用法に分類される危険性があるため考案されたものである。本調査では，歴史的事実などの一般常識に関する情報を確認要求と位置づけ，他人が知らないであろう話し手の個人的な生活や経歴に関する情報を新用法として分類した。この分類にもとづけば，前述の話し手の

過去の飲酒習慣は，初見の他人（調査者）が知り得ない個人の経歴であるため，例 (5) は明らかに新用法であると判断できる[8]。

　主観を排除するための3つ目の工夫は，複数の調査者・分析者が各自，それぞれのトークンの用法を分類したことである（同様の手法については Starks, Thompson & Christie 2008 を参照）。仮に判断が異なった場合には，話し合いを重ねて合意と同意を形成している。こうした工夫により，本研究では調査者の潜在的なバイアスや主観性を最小化することができたといえる。

4. 分析結果

4.1. 「デショ」と「ダロ」の用法的・社会的分布

　本項では，まず推量と確認要求，拡張用法というタグの3つの用法的分布の分析結果を記すことにする。表4と図1は，拡張用法が推量とほぼ同じ頻度で使われていることを示しており，タグの新用法がパラオ日本語では珍しいものではなく，むしろよく浸透した用法であることが明確になっている（より詳細な分析と考察は Matsumoto 2011 を参照）。

　次に，「デショ」と「ダロ」の拡張用法のみに焦点を当てた場合，その社会的分布は表5と図2のようになる。これは，話者のエスニシティとジェンダーごとに分類した「デショ」と「ダロ」の拡張用法の使用分布を示したものであるが，新しい

表4 タグの用法ごとに分類された「デショ」と「ダロ」の分布

用法	推量			確認要求			拡張用法			その他			合計		
形式	デショ	ダロ	合計	デショ	ダロ	合計	デショ	ダロ	合計	デショ	ダロ	合計	デショ	ダロ	合計
トークン数	66	28	94	307	8	315	76	3	79	62	1	63	511	40	551
全デショ/ダロに対する%	11.98	5.08	17.06	55.72	1.45	57.17	13.79	0.54	14.34	11.25	0.18	11.43	92.74	7.26	100.00
デショ/ダロのインデックス	2.27	0.96	3.24	10.57	0.28	10.84	2.62	0.10	2.72	2.13	0.03	2.17	17.59	1.38	18.97
会話時間（分）															2,905.1

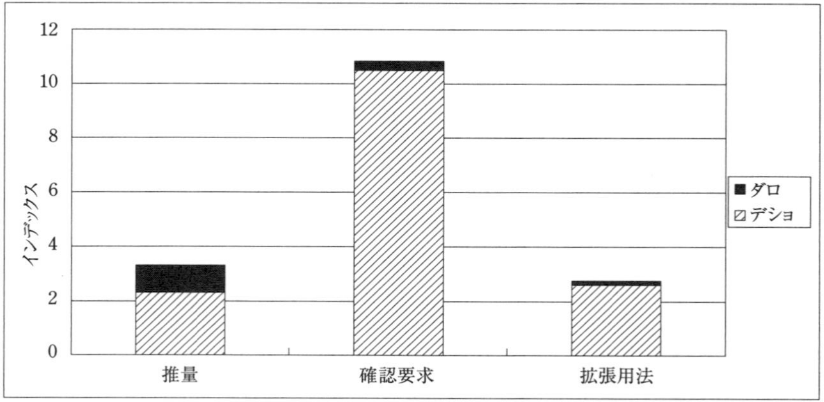

図1 タグの用法ごとに分類された「デショ」と「ダロ」の分布

タグの用法を最も先駆的に採り入れたのは日系パラオ人女性であり，それに次いで日系パラオ人男性とパラオ人女性が採用し，パラオ人男性だけが変化にきわめて硬直的であったことが理解される。

　話者集団により言語変化の広がり度合いに違いが見られる要因を探るためには，[1]タグの新用法が具体的にどのような文脈で使用される傾向にあるか，そして[2]パラオ日本語の形成期において話者の社会的属性が彼らの言語環境にどのような差異をもたらし得たのかを解明することがきわめて有効である。第3節2項で触れたように，そもそもタグの新用法は，見かけ上の応答を聞き手に求めつつ，話し手のみが知っている話題を提起・展開させるという対話上の機能を持つため，参加者が双方向のインフォーマルな会話へ積極的に参加している時により起こりやすくなる。したがって，話者が日本語による双方向の日常会話に関わった頻度に比例して，タグの新用法が採用されたと推測される。そして，現地でのインタビューを通じ，話者のエスニシティとジェンダーによって，日本統治時代，日本語で双方向の日常会話を持つ機会に差があったことが明らかにされている。エスニシティに関しては，表5と図2から，全体的に日系パラオ人話者がパラオ人話者よりもタグの新用法を2倍近く頻繁に使用していることがわかる。つまり，通常の社会生活に加え，家庭内で日本語を習得・使用し，日本語をほぼ日常的に耳にしていた日系パラオ人話者が，新しいタグの用法を導いたことを明確にしている。

　論じるまでもなく，家庭は双方向のくだけた会話が最も展開

表5 話者のエスニシティとジェンダーごとに分類された「デショ」と「ダロ」の拡張用法の分布

エスニシティ	日系パラオ人				パラオ人			
性別	男性		女性		男性		女性	
形式	デショ	ダロ	デショ	ダロ	デショ	ダロ	デショ	ダロ
トークン数	26	1	32	0	3	2	15	0
デショ/ダロのインデックス	3.14	0.12	4.00	0.00	0.52	0.35	2.14	0.00
会話時間（分）	829.2		800.3		576.0		699.6	

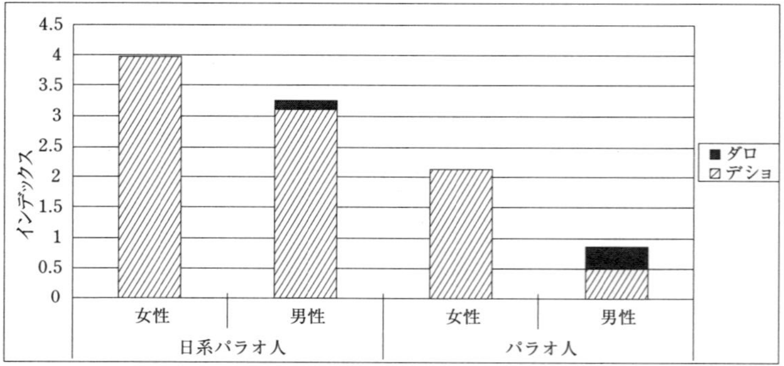

図2 話者のエスニシティとジェンダーごとに分類された「デショ」と「ダロ」の拡張用法の分布

しやすいドメインであり，家庭で日本語に触れる機会が多い日系パラオ人話者が，タグの新用法を導くことは理に適っている。一方，第2節で指摘したとおり，パラオ人話者たちは日本統治下において，家庭内で双方向の日常的な日本語の会話に接する機会は，練習生制度や隣人邦人宅などきわめて限定的なものであった。このため，パラオ人の話者がタグの新用法の導入に大きく遅れを取ったことに必然性が見出される。

　一方，ジェンダーに関しては，表5と図2が示すようにパラオ人女性と比較してパラオ人男性が，また日系パラオ人女性と比較して日系パラオ人男性が，タグの新用法の使用頻度が低いことが見て取れる。これまでの社会言語学の先行研究のなかには，こうした男女間の使用頻度の相違は，話者の社会的ネットワークと密接に関連しているという指摘をするものもある。たとえばHolmes（1997: 199）が主張するように，「女性は他者との交流の中で，家族の仲介者であることが多く，(中略) 女性は男性よりも，社会活動や仕事を通じてより広範囲に渡る社会的接触に関わることが多い」。この指摘は日本統治時代のパラオにも該当する。現地のインタビューでは，女性の方が，邦人の隣人や官吏，教師，店員などとのネットワークは男性よりも充実していたと答えており，とりわけ隣人邦人との接触が重要な鍵となっていたといえる。当時，パラオでは女性はみずからの集落に留まり，家事や子育て，タロ芋畑等での栽培収穫に勤しむ慣わしであったため，近隣邦人の主婦や児童，邦人農家との双方向のくだけた会話に触れる機会が日常生活の中できわめて多かった。

それに対して男性は，貨幣経済が新たに導入されたことから，一般的に学校卒業後は，非肉体労働の場合，主に邦人の上司や同僚とよりフォーマルな職場環境でコミュニケーションを持ち，また肉体労働の場合，比較的インフォーマルな会話はあったものの，その時間は限られる傾向にあった。したがって，多岐にわたる社会的ネットワークを通じ，日本語での双方向の日常的な会話を持つ機会が相対的に多かった女性の方が，男性よりもタグの新用法を多く採り入れやすい言語環境にあったといえる。もっとも，エスニシティに関する考察で述べたように，男性の中でも日系パラオ人話者は，当時，家庭内で双方向の日常的な会話を日本語で行う機会が多かったため，新しいタグの用法も積極的に採り入れることができたと考えられる。

　表6は，話者が家庭内または社会的ネットワークを通じ，日本語での双方向のインフォーマルな会話にどの程度関わったのかをエスニシティとジェンダーごとにまとめたものである。これによれば，ジェンダーとエスニシティにもとづく4つの話者集団の中で，タグの新用法に触れる機会の多い家庭や近隣等の言語環境から最も遠距離に位置していたのがパラオ人男性であったことは明らかであり，彼らが新しいタグの用法の採用に著しい遅れを取ったとの本調査結果の裏付けがなされる。さらに，日系パラオ男性とパラオ女性のタグの使用を比較してみると，明らかに前者の方がより積極的に新しいタグの用法を採り入れていることから，話者の社会的ネットワークよりも家庭内での会話の方がタグの使用を促す重要な要因である可能性も示唆している。

第3章 日本語の世界

　こうした考察から，本研究では社会言語学における実証研究において，以下の2つの重要な指摘をすることができる。すなわち，第一に，ジェンダーやエスニシティなどの汎用的な話者の社会的属性は社会と切り離して解釈されるべきではなく，パラオという実社会において，社会的属性が話者の言語環境にどのような差異をもたらし得たのかという観点から考察すべきであること（たとえば Dubois & Horvath 1999 も同様の主張）であり，第二に，接触言語変種の形成期において，タグが具体的にどのような文脈で使用される傾向にあったかを究明することの重要性である。

　ところで，パラオ日本語の「speech community（スピーチコミュニティ）」は若い話者を持たず[9]，まさに消滅の危機に瀕している。変異理論研究では高齢層と若年層の言語を比較しながら，その世代・年代間の変化を分析すること（つまり「apparent-time（見かけ上の時間）」にもとづき言語変化を考察すること）が一般

表6　パラオの日本統治下における話者の双方向の
　　　インフォーマルな会話への参加度合い

エスニシティ・ ジェンダー	家庭における 日本語使用	日本語話者との 社会的ネットワーク
日系パラオ人女性	＋日常的 （親と自宅にて）	＋複合的（近隣・親戚を中心に多岐に渡る）
日系パラオ人男性	＋日常的 （親と自宅にて）	△やや単一的（主に職場・親戚など）
パラオ人女性	－限定的（練習生制度などで邦人宅にて）	＋複合的（近隣を中心に多岐に渡る）
パラオ人男性	**－限定的（練習生制度などで邦人宅にて）**	**－単一的（主に職場など）**

的であるが，パラオ日本語の場合，この適用はきわめて困難である。しかし，多くの場合，Fluent speaker は Semi-speaker よりも年齢が高いため，この両者を比較することでパラオ日本語の衰退過程を垣間見ることはできる。表7と図3は，「デショ」と「ダロ」の3つの用法の分布を話者の言語能力タイプ別に示したものであるが，概して Semi-speaker の間ではタグの使用は少なく，この減少は3つの機能すべてに当てはまることが分かる。とりわけ確認要求と拡張用法の両方において劇的な減少が見られる。また，Fluent speaker がタグの新用法を推量と同程度頻繁に使っているにもかかわらず，Semi-speaker は新用法の「デショ」を2例しか使用していないことから，この語用論的変化はパラオ日本語の形成期には普及していたものの，パラオ日本語の衰退に伴い，急速に消滅しつつあることが読み取れる。

　タグの新用法が衰退している理由を解明する鍵は，第3節2項で考察した新用法の対話上の機能にある。すなわち [1] 聞き手が共有しない知識を話題として提供すると同時に，[2] 話し手がその話題を発展させたいという意思が表示されるため，[3] 聞き手には最小限の応答しか期待されず，[4] すぐさま話し手は当該話題を展開させるという対話上の機能である。この機能を踏まえると，新しいタグの用法は冗長なターンを伴う傾向にあるため，言語能力が相対的に低い話者の間ではこの新しい用法は生み出されにくく，Semi-speaker の間で新用法が急速に衰退していると考えられる。

　以上のことから，次のことがいえよう。すなわち，本研究では談話標識が衰退するという貴重な事例が提示されたが，使用

第3章　日本語の世界

表7　タグの用法と話者の言語能力ごとに分類された「デショ」と「ダロ」の分布

<table>
<tr><th colspan="2">用法</th><th colspan="3">推量</th><th colspan="3">確認要求</th><th colspan="3">拡張用法</th><th colspan="3">その他</th><th colspan="3">合計</th></tr>
<tr><th colspan="2">形式</th><th>デショ</th><th>ダロ</th><th>合計</th><th>デショ</th><th>ダロ</th><th>合計</th><th>デショ</th><th>ダロ</th><th>合計</th><th>デショ</th><th>ダロ</th><th>合計</th><th>デショ</th><th>ダロ</th><th>合計</th></tr>
<tr><td rowspan="3">Fluent speaker</td><td>トークン数</td><td>54</td><td>24</td><td>78</td><td>272</td><td>7</td><td>279</td><td>74</td><td>3</td><td>77</td><td>61</td><td>0</td><td>61</td><td>461</td><td>34</td><td>495</td></tr>
<tr><td>全デショ/ダロに対する%</td><td>10.91</td><td>4.85</td><td>15.76</td><td>54.95</td><td>1.41</td><td>56.36</td><td>14.95</td><td>0.61</td><td>15.56</td><td>12.32</td><td>0.00</td><td>12.32</td><td>93.13</td><td>6.87</td><td>100.00</td></tr>
<tr><td>デショ/ダロのインデックス</td><td>2.66</td><td>1.18</td><td>3.84</td><td>13.38</td><td>0.34</td><td>13.72</td><td>3.64</td><td>0.15</td><td>3.79</td><td>3.00</td><td>0.00</td><td>3.00</td><td>22.68</td><td>1.67</td><td>24.35</td></tr>
<tr><td colspan="2">会話時間（分）</td><td colspan="14">2032.9</td></tr>
<tr><td rowspan="3">Semi-speaker</td><td>トークン数</td><td>12</td><td>4</td><td>16</td><td>35</td><td>1</td><td>36</td><td>2</td><td>0</td><td>2</td><td>1</td><td>1</td><td>2</td><td>50</td><td>6</td><td>56</td></tr>
<tr><td>全デショ/ダロに対する%</td><td>21.43</td><td>7.14</td><td>28.57</td><td>62.50</td><td>1.79</td><td>64.29</td><td>3.57</td><td>0.00</td><td>3.57</td><td>1.79</td><td>1.79</td><td>3.75</td><td>89.29</td><td>10.71</td><td>100.00</td></tr>
<tr><td>デショ/ダロのインデックス</td><td>1.38</td><td>0.46</td><td>1.83</td><td>4.01</td><td>0.11</td><td>4.13</td><td>0.23</td><td>0.00</td><td>0.23</td><td>0.11</td><td>0.11</td><td>0.23</td><td>5.73</td><td>0.69</td><td>6.42</td></tr>
<tr><td colspan="2">会話時間（分）</td><td colspan="14">872.2</td></tr>
</table>

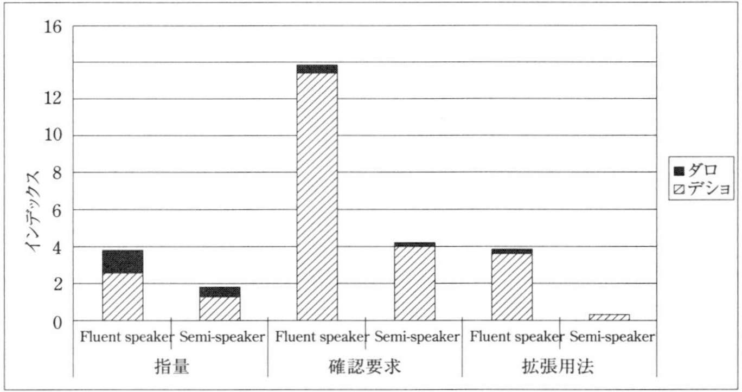

図3　タグの用法と話者の言語能力ごとに分類された「デショ」と「ダロ」の分布

247

頻度の多少にかかわらず，談話標識が衰退する際には，最も古くから存在する用法（「デショ」「ダロ」の場合，推量用法を指す）が保持され，新たに形成された用法（確認要求用法と新用法）は淘汰される。また，談話標識やその他の文法化された形式が今後どのような変遷を遂げて最終的に消滅に至るかの過程については，引き続き注視していく必要がある。

　なお，本調査ではパラオ日本語の Rememberer[10] からもデータを収集したが，彼らはタグ自体を全く使用していない。したがって，言語消滅の最終段階においては，パラオ日本語のタグ自体が全て消失することが暗示されている。さらに，推量と確認要求の「デショ」と「ダロ」形式はどちらも Semi-speaker までは残っているが，拡張用法では Fluent speaker の間で少数派の形式である「ダロ」が Semi-speaker の間ですでに使われなくなっていることから，[1] タグの新用法で最後まで残った形式は「デショ」であること，そして [2] 用法によって衰退する過程が異なる様子も明らかにしている。

4.2.「デショ」と「ダロ」の新用法の起源と動機

　ここでは，タグの拡張用法がどのように派生したのかについて述べることにする。そもそもタグの新用法の起源には大きく2つの仮説が考えられる。1つ目は，20世紀初頭に邦人移民によって新しいタグの用法が持ち込まれたという説である。この仮説では，どのような方言が邦人移民によってパラオへ持ち込まれ，どのような方言がその後パラオで発展したパラオ日本

語変種を形成したのかという点が重要になる。表8はパラオへ渡った邦人移民の出身地にもとづき、方言区分ごとの割合を表したものである[11]。琉球方言が話されている沖縄が後に最多の移民を輩出することになるが、初期の移民は東部方言話者が優勢であったことが分かる。

表 8　方言区分別にみたパラオにおける邦人移民の出身地

年	東部方言地域	西部方言地域	九州方言地域	琉球方言地域	合計
1926	**532** **(39%)**	310 (22.7%)	305 (22.3%)	218 (16%)	1,365 (100%)
1938	5,221 (30.9%)	2,154 (12.8%)	1,370 (8.1%)	**8,148** **(48.2%)**	16,893 (100%)

出典：南洋庁（1928, 1939）

　Sankoff（1980）によって提案された「first past the post（先着順の原則）」、およびMufwene（2001）の「Founder Principle（創始者の原理）」によると、長期間の移民の流入が見られた地で、新たな言語変種の基礎を形づくるのは、新天地に初期に入植した移民の方言である。もしこれらの原則がパラオ日本語にも当てはまるとするならば、パラオ日本語形成に最も貢献したのは琉球方言ではなく、東部方言であったということになる。

　簡（2009）の例で示す「デショ」の新用法を採り入れたとされる日本本土の高齢層の話者たちが、偶然かそれとも必然か、東京と北海道在住者、つまり東部方言話者だという発見は興味深いものである。しかし、簡の事例は各地域1名の話者が使用した1例の新用法に依拠しているため、タグの拡張用法が当時

249

の東部方言地域全体においてどれだけ広く使用されていたのか，また日本の他の方言話者がタグの新用法を使用していなかったのかどうかについては明らかではない。このため，タグの新用法が東部方言話者から入ってきたとの仮説については，その可能性は否定できないものの，未だ推論の域を出ない（パラオにおける否定辞の研究結果はこの仮説を支持する。詳細はMatsumoto & Britain 2003c を参照）。

しかし，この仮説の証明はきわめて困難である。当時の会話データからでは，拡張用法と共有知識確認要求用法を区別するために必要な対話上・語用論上の詳細（第3節4項を参照）を得ることができないためである。前述の通りこれらのタグを分析するのに適したデータを収集することは容易でなく，したがって理論上は邦人移民がこの「デショ」と「ダロ」の拡張用法をパラオに持ち込んだという可能性を否定すべきではないが，現実的には適切な実時間データを用いなければ，確固たる証拠を挙げることはできない。

タグの新用法の起源に関する2つ目の仮説は，この拡張用法は伝播ではなく，パラオで独立して派生したというものである。台湾やサハリンなど地理的に隣接しない他の旧日本統治領，さらには東京や北海道で新用法が観察される（簡 2009）ことから，各地で自然発生的に生じた変化だとする仮説である。しかし，各地で異なる土着語との接触を経ながら，それぞれ独自に発展したさまざまな接触日本語変種が，なぜ，そしてどのようにして同一の言語変化に至ったのかを説明することも容易ではない。

タグの新用法が散在している謎を解く鍵は，これら全ての地域・コミュニティに共通する一つの特徴として，言語的かつ民族的に雑多な状況下で日本語変種が形成されたという接触の歴史にある。第2節で述べたように，日本統治下では邦人移民がパラオ人の人口をはるかに上回って多数派となり，逆にパラオ人が少数派となった。もっとも，南洋庁の公文書（1928, 1939, 1941, 1942; 第2節を参照）では，当時「島民」として分類されたのは「チャモロ」と「カナカ」と呼ばれる民族集団であった。前者はスペイン人とチャモロ人との混血を指し，後者はパラオ人だけでなく，太平洋の他の島々の島民も含まれており，彼らの母語はたとえばヤップ語のようにパラオ語話者には理解できない言語であった。

　一方，「邦人」には，いわゆる本土人のみならず，琉球人や韓国・朝鮮人，台湾人も含まれていた。このため，たとえば1940年の国勢調査では，パラオの人口の中には248人のチャモロ人と1,189人の韓国・朝鮮人が含まれ，また1941年には119人のチャモロ人と1,663人の韓国・朝鮮人が含まれていた（南洋庁 1941, 1942）。こうした統計にかんがみると，当時のパラオは決してパラオ人と邦人の二元構成ではなく，むしろ複雑な多民族構成であったといえる。表9は1938年のパラオの人口を，民族，現地人か否か，日本語母語話者か否かにもとづいて作成したものである。これを踏まえると，当時のパラオは日本語非母語話者が人口の60％以上，パラオ人以外の非現地人が70％以上を占める雑多な多民族社会であったということが分かる。そしてまた，現地のインタビューから，日本語はパラ

オのあらゆる住民にとって唯一のリンガ・フランカであったことが判明している。

表 9　1939 年当時の民族、現地人 / 非現地人、日本語母語話者 / 非母語話者ごとに分類されたパラオの人口

民族	パラオ人 6,509 (27.37%)	琉球人 8,148 (34.26%)	韓国・朝鮮人 91 (0.38%)	その他 291 (1.22%)	日本人 8,745 (36.77%)	合計 23,784 (100%)
現地人／ 非現地人	現地人 6,509 (27.37%)	非現地人 17,275 (72.63%)				23,784 (100%)
母語話者／ 非母語話者	非母語話者 15,039 (63.23%)				母語話者 8,745 (36.77%)	23,784 (100%)

南洋庁（1941: 61, 71）のデータをもとに作成

　他の旧日本統治領においては，地域ごとに民族構成や接触した土着語などは異なっているが，雑多な言語・民族環境で激しい言語接触が繰り広げられた特徴はパラオと共通している。簡（2009）では新しい「デショ」と「ダロ」の用法を使った2人の高年層話者の居住地は東京と北海道であるが，両地域とも人口の流動性が高く，激しい言語接触がみられるという類似点があることは注目に値する。北海道は，明治時代と第二次世界大戦後に流入した大量の移民との接触を経て，先住民族であるアイヌ人の多くは自分たちの母語であるアイヌ語を失った。また東京は，その高い人口の流動性から様々な方言と言語が接触を持つ多様性のある大都市へと変貌した。

　再述すれば，「デショ」と「ダロ」の新しい用法が観察され

る地域・コミュニティにおける共通の特徴は，[1] 現地民以外かつ日本語の母語話者でない住民がコミュニティ内に相当数おり，[2] 日本語がリンガ・フランカとして活用されていたということである。このように，タグの拡張用法はパラオやその他の地域・コミュニティにおいて，多数の非現地人や日本語の非母語話者との日本語を介しての激しい接触があった時代に派生したと考えられる。本稿では，この激しい言語・民族接触が「デショ」と「ダロ」の拡張用法を引き起こしたという仮説を提起する。

　一方，上記の社会状況とタグの関連性，すなわち，なぜそのような社会状況がタグの変化をもたらしたのかとの課題も検証する必要がある。当該タグの新用法を採用するには，[1] 環境上の要因と [2] 話者の動機という2つの要素を考慮する必要があるといえよう。

　前述の通り，これらのタグは，元々話し手がある情報を聞き手と共有していると確信しているときにのみ使われていた（共有知識確認用法）。しかし，当時，非現地人と日本語の非母語話者が大多数を占めていたパラオでは，多くの場面において話者間で情報・知識量に乖離があったことは容易に想像ができる。つまり，知識において共通性を欠く非パラオ出身者や，タグの用法に関するルールを熟知していない日本語の非母語話者との会話が繰り返される中でパラオ日本語が形成されたため，共有知識と非共有知識との区別が曖昧になったと推測される。当時，パラオで唯一のリンガ・フランカとして用いられた日本語変種が，こうした言語環境に呼応して，本土の日本語の規範を緩和・

拡張した形で定着したと考えられるのである。

　これに対し，話者の動機とは，第3節2項で考察した「デショ」と「ダロ」の社会的・情緒的な機能に深く関係している。すなわち，新用法の社会的・情緒的機能とは，聞き手へのポジティブポライトネスを提示することであり，聞き手との距離を縮め，仲間・連帯意識を芽生えさせようとするものである。本研究では，当時の雑多なパラオの社会環境において，多民族・異言語を母語とする集団間の距離を縮め，仲間意識・連帯意識をかもし出すために「デショ」と「ダロ」の新用法の使用が定着したのではないかと考え，前述の環境要因と併せ，また相互に作用して，タグの新用法がパラオ日本語で浸透したとの見方を提示する。

　なお，興味深いことに，旧英国植民地における英語変種（Britain 1992; Meyerhoff 1992, 1994）や移民などによる人口の流動性の高い大都市ロンドンの英語変種（Cheshire 2012）においてもポジティブポライトネスを表す言語変化の採用と定着が報告されている。言い換えれば，これは言語の垣根を越えて，類似した接触状況が機能面においても類似した言語変化を引き起こすことを示唆しており，今後こうした観点からの研究も一層必要とされよう（こうした比較研究については Matsumoto & Britain ms を参照）。

5. むすび

　パラオ日本語のデータに関する分析結果から,「デショ」と「ダロ」の拡張用法の使用はパラオ日本語の形成期には一般的であったが, パラオ日本語の衰退に連動して近年, 消滅傾向にあることを明らかにした。この新用法で最後まで使われた形式は「デショ」であり, これは Fluent speaker の間で優勢な形式であることも明示した。また, 本稿では, タグの新用法の対話上の機能を考察することが, 言語能力のより低い話者の間で新用法の使用が減少している背景・要因を理解する上で有益であることも論証した。すなわち, タグの新用法は冗長なターンを伴い, 言語能力の低い話者の間では長いターンを生み出すこと自体が困難となるため, タグの新用法が衰退しているのである。

　本稿ではまた, タグの拡張用法の社会的分布に関する考察を通じ, [1] 新しい「デショ」と「ダロ」の用法が使用されやすい文脈を解明することの重要性（Milroy & Gordon 2003）, さらに [2] ジェンダーやエスニシティといった汎用的な話者の社会的属性を社会から切り離して解釈するのではなく, 実社会で観察される言語環境の差異との関連性で考察する重要性（Dubois & Horvath 1999）も強調したところである。

　繰り返し述べてきたように, タグの新用法は双方向の日常的な会話で使用される傾向があるため, 話者が日本語でのインフォーマルな会話に接する機会を持っていたかどうかが, 新しい「デショ」と「ダロ」の用法の使用頻度を決定する重要な要

因であることも明らかにした。日本統治下における，エスニシティやジェンダーにもとづいた4つの話者集団ごとの社会生活を探求することによって，双方向のくだけた会話を持つ機会が最も多かったのは日系パラオ人女性であり（家庭内および邦人との幅広い社会的ネットワークを通じて），使用頻度が次に高かったのは日系パラオ人男性（主に家庭内で）であり，次いでパラオ人女性（隣人邦人など多岐にわたる邦人ネットワークを通じて），そしてパラオ人男性の頻度が最も少なかった（家庭内の日本語使用および邦人とのネットクークがともに限定的）ことも指摘した。これは，タグという語用論レベルにおける言語変化を日系パラオ人女性が先駆的な役割を果たし，日系パラオ人男性とパラオ人女性はやや遅れて採用，逆にパラオ人男性に至っては著しい遅れがあったとの本調査結果と合致している。

　また，このタグの拡張用法の起源と話者の動機に関する議論の中では，台湾やサハリンといった他の旧日本統治領や東京・北海道に「デショ」と「ダロ」の新用法が散在している（簡2009）ことから，各地で独立して派生した可能性を肯定した。さらに，こうした諸地域に共通した以下2つの特徴も指摘した。すなわち，[1] 現地民以外かつ日本語の母語話者でない住民がコミュニティ内に相当数おり，激しい接触をもっていたこと，および [2] 日本語がリンガ・フランカとして活用されていたことである。

　一方，環境要因と話者の動機が相乗的に作用し，タグの新用法がパラオ日本語に広まったとの仮説も提起した。言い換えれば，多民族で，かつ多くの日本語非母語話者が共存していた雑

第3章　日本語の世界

多なパラオでの激しい接触が，[1] 共有されている知識と共有されていない知識との境界線を曖昧にし，[2] 多民族・異言語を母語とする集団間の距離を縮め仲間意識・連帯意識を醸成するために「デショ」と「ダロ」の新用法の使用が定着したのではないかと考えるのである。

　最後に，旧日本統治領における日本語変種の言語変化が日本本土の日本語の変化を「先取りしている」（簡 2008：377）かどうかとの疑問に関しては，本土の日本人がパラオから「デショ」の新用法を採り入れたと推察する理由が全くないことを指摘しておく。確かにいずれの地域においても同じ用法の変化が観察されるが，むしろタグの新用法の有する話者間の距離を縮め，連帯意識を醸し出そうとする情緒的機能は，激しい方言・言語接触のある状況下において最大限にその効力を発揮するため，各地域でそうした接触状況があった時期に自発的に現れたという仮説を示した。換言すれば，本土よりもパラオで先にタグの新用法が採り入れられたのは，単にパラオでは日本本土よりも早い時期に激しい方言・言語接触が起きたからであると考えられるのである。

　以上，本稿は，これまでのパラオ日本語の語用論的変異と変化に関する研究成果の一つである「デショ」と「ダロ」の用法・機能およびその社会的・用法的分布，さらにその諸要因を明らかにしたものである。とりわけ，多数の非現地人や日本語の非母語話者との日本語を介した激しい接触によって，「デショ」と「ダロ」の用法が拡張された可能性を明確にした。今後は，さらなる通時的調査を続け，本稿の「見かけ上の時間」

を用いた分析結果の妥当性を確認する予定である。

注

* 本稿は，1997年から継続している多言語社会パラオに関する社会言語学的調査のデータを活用し，英文論文 Matsumoto（2011）を参考にしつつ，その一部を日本語で執筆したものである。詳細は，当該論文を参照されたい。本調査にご協力くださったパラオの方々、および分類の仕方に関して伴に議論した簡月真さんに感謝申し上げるとともに，調査や分析に際し，文部科学省科学研究費補助金・若手研究A「旧植民地域における言語盛衰に関する総合的研究―ミクロネシアを事例として―（課題番号22682003）」を拝受したことを記す。
1) 本稿で英文論文を引用する際は，全て著者の訳を採用した。
2) パラオではバベルダオブ島で日本人専用の入植地が作られた。
3) 2010年11月，パラオ史上初めて，地元の新聞 Tia Belau が英語で書かれた記事をパラオ語に訳したパラオ語版の発行を開始した。
4) 以下，例ではAをパラオ日本語の話者（被験者），Bを調査者（著者）として表す。
5) 低頻度で使用される確認要求の下位分類の詳細は，Matsumoto & Britain（ms.）を参照。
6) しかし，これは他に「デショ」と「ダロ」に類似した働きをする可能性のある形式がないことを意味するわけではない。たとえば，「ジャナイ（カ）」は，これらのタグと深く関係しているという指摘もある。しかし，Asano（2008）のタグの意味論的分析では，「デショ」と「ジャナイ（カ）」は常に意味論レベルにおいて入れ替え可能というわけではないと結論づけている。したがって，本稿では「デショ」と「ダロ」のみに焦点を当て，「ジャナイ（カ）」は分析から除外した。さらに，「デショ」と「ダロ」両者には，音韻・イントネーションにおいてバリエーションがあることが確認されている。これらの側面は Matsumoto & Britain（ms.）でより詳細に調査されている。
7) 「デショ」と「ダロ」の「indexicality（インデキシカリティー）」における違いに関しては Matsumoto（2011）を参照。
8) しかし，「地元のレベルでの共有知識」など，区別の非常に困難なグ

レイゾーンが若干残されている。本分析では，そのような地元での共有知識の例は「その他」に分類した。
9) 第2節で記したように，外国語としての日本語学習者は若年層にもいるものの，彼らは潜在的「現代標準日本語」の話者であり，戦前に誕生・定着した「パラオ日本語」の継承者ではないため，本稿の比較対象とはならない。
10) 「Rememberer」とは，日本統治後期，またはアメリカ統治初期に生まれた話者で，近隣の邦人やパラオのFluent speakerによってかつて話されていたパラオ日本語に親近感を抱き，一定の社会言語学的能力を保持しているものの，十分に習得・使用する機会を得ておらず，非常に限られた言語能力を保持する話者を指す。
11) これまで日本語の異なる側面から様々な方言区分が提案されており，例えばアクセントパターンと語彙項目ではそれぞれ異なる区分がなされてきた。しかし，これまで談話的特徴に基づいた方言区分は提案されておらず，よって本分析では，音韻・統語的パターンに基づいた方言区分のなかで「最も代表的なもの」（Shibatani 1990: 187）といわれている東条（1954: 33）の方言区分を採用した。

参考文献

Asano, Yuko. (2008) Semantic analysis of tag questions in Japanese: *deshoo* and *janai ka*. In Timothy Jowan Curnow (ed.), *Selected papers from the 2007 Conference of the Australian Linguistic Society*. http://www.als.asn.au/proceedings/als2007.html (accessed September 2012)

Britain, David. (1992) Linguistic change in intonation: The use of high rising terminals in New Zealand English. *Language Variation and Change* 4. 77-104.

Brown, Penelope & Stephen C. Levinson. (1987) *Politeness: Some universals in language usage*. Cambridge: Cambridge University Press.

Cheshire, Jenny. (2012) What was it like before *like*? Discourse-pragmatic variation and discourse style. Plenary talk at 1st Conference on Discourse-Pragmatic Variation and Change, Salford University, U.K., April 2012.

簡月真（2008）「台湾日本語にみられる『でしょ』の新たな表現類型」『社会言語科学会 第21回大会論文集』375-378.

簡月真（2009）「台湾日本語にみられる『でしょ』の新用法」『社会言語科

学』11(2). 28-38.
Dorian, Nancy C. (1981) *Language death: The life cycle of a Scottish Gaelic dialect*. Philadelphia: University of Pennsylvania Press.
Dorian, Nancy C. (2010) *Investigating variation: The effects of social organisation and social setting*. Oxford: Oxford University Press.
Dubois, Sylvie & Barbara Horvath. (1999) When the music changes, you change too: Gender and language change in Cajun English. *Language Variation and Change* 11. 287-313.
Ferguson, Charles. (1959) Diglossia. *Word* 15. 325-340.
Holmes, Janet. (1995) *Women, men and politeness*. London: Longman.
Holmes, Janet. (1997) Women, language and identity. *Journal of Sociolinguistics* 1. 195-224.
Kluge, Paul Frederick. (1991) *The edge of paradise: America in Micronesia*. New York: Random House.
Labov, William. (1982) Building on empirical foundations. In Winfred. P. Lehmann & Yakov Malkiel (eds.), *Perspectives in historical linguistics*, 79-92. Amsterdam & Philadelphia: Benjamins.
Leibowitz, Arnold. (1996) *Embattled island: Palau's struggle for independence*. Westport: Greenwood Publishing Group.
Matsumoto, Kazuko. (2001a) Language contact and change in Micronesia: Evidence from the multilingual Republic of Palau. Colchester, U.K.: University of Essex dissertation.
Matsumoto, Kazuko. (2001b) Multilingualism in Palau: Language contact with Japanese and English. In Thomas E. McAuley (ed.), *Language change in East Asia*, 84-142. London: Curzon Press.
Matsumoto, Kazuko. (2010a) The role of social networks in the post-colonial multilingual island of Palau: Mechanisms of language maintenance and shift. *Multilingua* 29(2). 133-165.
Matsumoto, Kazuko. (2010b) Palauan language contact and change: A sociolinguistic analysis of borrowing in Palauan. In Jelisava Dobovsek-Sethna, Frances Fister-Stoga & Cary Duval. (eds.), *Linguapax Asia: A retrospective edition of language and human rights issues, Collected proceedings of Linguapax Asia Symposia 2004-2009*, 36-52. Tokyo: Linguapax Asia.
松本和子（2010c）「ミクロネシアの日本語」『日本語学』29 (6). 58-73.

Matsumoto, Kazuko. (2011) Contact linguistics of diaspora Japanese: Linguistic innovation and attrition in the Western Pacific. *Language, Information, Text* 18. 33-61. Tokyo: University of Tokyo.

Matsumoto, Kazuko & David Britain. (2003a) Language choice and cultural hegemony in the Western Pacific: Linguistic symbols of domination and resistance in the Republic of Palau. In Mirjana Dedaic & Daniel N. Nelson (eds.), *At war with words*, 315-357. Berlin & New York: Mouton de Gruyter.

Matsumoto, Kazuko & David Britain. (2003b) Investigating the sociolinguistic gender paradox in a multilingual community: A case study from the Republic of Palau. *International Journal of Bilingualism* 7(2). 127-152.

Matsumoto, Kazuko & David Britain. (2003c) Contact and obsolescence in a diaspora variety of Japanese: The case of Palau in Micronesia. *Essex Research Reports in Linguistics* 44. 38-75.

Matsumoto, Kazuko & David Britain. (2006) Palau: *Language situation. In Keith Brown (ed.), Encyclopaedia of language and linguistics: Volume 9*, 129-130. Oxford: Elsevier.

Matsumoto, Kazuko & David Britain (2012) Palauan English as a newly emerging postcolonial variety in the Pacific. *Language, Information, Text* 19. 137-167. Tokyo: University of Tokyo.

Matsumoto, Kazuko & David Britain (ms.) Contact sociolinguistics and the emergence of pragmatic markers in postcolonial varieties: *desho*, *eh* and HRT in cross-linguistic perspective.

Meyerhoff, Miriam. (1992) "We've all got to go one day, eh": Powerlessness and solidarity in the functions of a New Zealand tag. In Kiera Hall, Mary Bucholtz & Birch Moonwomon (eds.), *Locating power: Proceedings of the second Berkeley Women and Language Conference, April 4 and 5 1992*, 409-419. Berkeley: Berkeley Women and Language Group, University of California.

Meyerhoff, Miriam. (1994) Sounds pretty ethnic, *eh*? A pragmatic particle in New Zealand English. *Language in Society* 23(3). 367-388.

Milroy, Lesley & Matthew Gordon. (2003) *Sociolinguistics: Method and interpretation*. Oxford: Blackwell.

三宅知宏（1996）「日本語の確認要求的表現の諸相」『日本語教育』 89: 111-122.

宮崎和人（2000）「確認要求表現の体系性」『日本語教育』 106: 7-16.

Mufwene, Salikoko. (2001) *The ecology of language evolution*. Cambridge: Cambridge University Press.

中北見美千子（2000）「談話におけるダロウ・デショウの選択基準」『日本語教育』107: 26-35.

南洋庁（1928, 1939, 1941, 1942）『南洋群島要覧』東京.

Office of Planning and Statistics. (2005) *2002-2003 census of population and housing of the Republic of Palau*. Koror, Republic of Palau: Office of Planning and Statistics.

Pichler, Heike. (2010) Methods in discourse variation analysis: Reflections on the way forward. *Journal of Sociolinguistics* 14(5): 581–608.

Sankoff, Gillian. (1980) *The social life of language*. Philadelphia: University of Pennsylvania Press.

Schegloff, Emanuel. (2007) *Sequence organisation in interaction: A primer in conversational analysis*, Volume 1. Cambridge: Cambridge University Press.

Shibatani, Masayoshi. (1990) *The languages of Japan*. Cambridge: Cambridge University Press.

新村出（編）（1998）『広辞苑』第五版，東京：岩波書店.

Shuster, Donald. (1978) *Major patterns of social change instituted in Micronesia during Japanese colonial rule*, 1914-1940. Manoa, Hawaii: University of Hawaii term paper.

Shuster, Donald. (1982) *Islands of change in Palau: Church, school, and elected government, 1891-1981*. Manoa, Hawaii: University of Hawaii dissertation.

Starks, Donna, Laura Thompson & Jane Christie. (2008) Whose discourse particles? New Zealand eh in the Niuean migrant community. *Journal of Pragmatics* 40. 1279–1295.

Stubbe, Maria & Janet Holmes. (1995) *You know*, *eh*, and other 'exasperating expressions': An analysis of social and stylistic variation in the use of pragmatic devices in a sample of New Zealand English. *Language and Communication* 15(1). 63-88.

Trudgill, Peter. (1986) *Dialects in contact*. Oxford: Blackwell.

東条操（1954）『日本方言学』東京：吉川弘文館.

あ と が き

　本書を通じて，オセアニアの言語的世界がいかに多様な姿をしているかということに読者は気づいたかもしれない。そして，この多様性の消失は文化の消失を意味するということに誰も異論はないであろう。

　たしかに在来言語が危機に瀕しているのは事実である。一方で，第2章および第3章にあるような接触言語も新たに出現している。これに英語またはフランス語といった外国語がそれぞれの社会に加わり，多言語的な世界が形成された。それは階層のようなものでもある。つまり，伝統回帰を志向することが困難な現実が横たわっている。むしろ，新しいものは新しいものとして受容しそれを社会の発展に繋げていくという発想のほうが現実的であろう。

　実は，ヤラペア氏と私は，*Language and Linguistics in Oceania* という Journal も編集している。この Journal には日本とパプアニューギニアからだけでなく，世界の各地から論文の投稿がある。すでに Vol. 5 まで刊行し，オセアニア言語について，最新の研究が報告されている。こちらもご覧いただければ幸いである。

2013 年 9 月
岡　村　　徹

索　引

〈あ〉

アイヌ語　　　　　　　　252
アレカノ語　6, 45～50, 53, 54, 56, 57
意味素性　　　　　　　　115
印欧諸語　　　　　　　　106
埋め込み言語　　　　　　210
英語　6, 8, 15, 16, 24, 31, 32, 34, 36, 38, 41, 65, 71, 72, 74, 75, 77, 79, 80～83, 86～90, 92～97, 105, 106, 113, 114, 124, 132, 137～141, 143, 145～154, 156～172, 174-177, 180, 181, 185～187, 189, 192～194, 198～200, 204, 205, 208, 212, 214, 221, 227, 228, 235～237, 254, 258
遠過去　　　　　　　　　　7
オーストロネシア諸語　5, 6, 108, 124, 129
オーストロネシア語族　5, 124, 222
オセアニア言語　75, 80, 81, 85, 86, 97, 98
オセアニア諸語　　　　　125
オレアイ語　　　　　　　181
音節　　　　　　　　　46～48
　——構造　　　　　　　 47

〈か〉

外来語　　　　　　　15～18, 42
拡大辞　　　　　　　　　　7
カナカ英語　　　　　　　114
カピガマラギ語　　　　　 42
間接発話内行為　　　63, 64, 66
簡略レジスター　58～60, 63～65
基層言語　　　　　　　　125
共通語（リンガフランカ）　100, 107, 138, 173, 181, 252～254, 256
強母音　　　　　　　50, 54, 56
近過去　　　　　　　　　　7
クアヌア語　　　　　　　108
クレオール化　　　　107, 138
クレオール語　　　　　　　7
クワラ・アエ語　　　　　 98
形容詞接尾辞　　　　　　131
継続相　　　　　　　　85, 98
ケワ語　　　　　　　　　6, 7
言語維持　　　　　　　　235
言語獲得　　　　　　　　　8
言語間影響　180, 182, 183, 186, 214
言語交替　　　　　　　　182
言語衰退　　　　　　　　235
　——盛衰　　　　　　　142
言語接触　221, 223, 227, 252, 257
言語変化　8, 141, 220, 221, 241, 246, 251, 254, 256, 257

言語の切替（コード・スイッチング）	182, 183, 185, 204, 210, 212	数詞	5, 15～22, 24, 25, 27～30, 33, 35, 36, 38～43, 131, 165
言語類型論	5	スコットランド・ゲール語	229
原始太平洋ピジン英語	71, 94, 95	スタイル	163, 178, 235
コイタ語	132	スペイン語	222
語彙提供言語	81	接触言語	138, 220, 245
高位言語	227	接頭辞	7, 56
豪州原住民諸語	121	接尾辞	7, 76～80, 83, 95, 98, 102, 131
語用論的変異	228, 257	声調	7
混交文	145, 146, 152, 157, 162, 164, 175, 177	総合的言語	7
		双数	7
		挿入	151, 159, 182, 183, 210, 212, 215

〈さ〉

サタワル語	181	造語	141, 171, 172
サモア農園ピジン	114	ソロモン・ピジン	72, 79, 81, 87, 89
三数	80		
参与観察	235, 238	〈た〉	
子音	7, 45～48, 57, 73, 132, 183	ダイグロッシア	227
識字率	6	タグ	220, 221, 230, 232～239, 241, 243～251, 253～258
指小辞	7	多言語社会	138, 227, 258
受動的語彙	200	他動詞接尾辞	102, 131
譲渡可能	124～126, 128～131	タヒチ語	5, 16～18, 21, 42, 43
譲渡不可能	124, 126, 128, 129, 131	談話標識	246
除外複数（排他——）	7, 80, 97	中国語	96, 117, 118, 122, 123, 138
親密レジスター	58～60, 64～66	直接発話内行為	64～66
借用（語）	83, 139, 140, 148～152, 157, 163～165, 168, 169, 177	ツアモツ語	42
		転移	182, 183, 195
主語参照型	84, 85,	ドイツ語	222
主要部標示型	7	トークン	236, 237, 239
従属部標示型	7	トク・ピシン	8, 9, 71～73, 75～83, 85～89, 98, 100, 102, 104, 105～108, 110, 111, 113～118, 122～125, 128
述語標識	84, 98		
所有傾斜	101, 102, 125, 126, 128		
新方言形成	235		

　　　　～131
ドメイン（領域）　226, 227, 230,
　　　243
トライ語　108, 109, 124～126, 129
トランスニューギニア言語門　6

〈な〉
仲間・連帯意識　　　　234, 254
ナバホ語　　　　　　　　　121
南洋群島　180, 181, 215, 220, 222,
　　　223, 225
南洋庁　210～213, 223, 225, 251
日系人　138, 141～143, 145～147,
　　　151, 163～165, 167, 170～
　　　172, 174～178
二数　　　　　　　　　　　80
二重母音　　　　　48, 49, 52～54
日本語　7, 9, 10, 73, 74, 77, 80, 81,
　　　85, 88, 92, 96, 100～106,
　　　110, 113, 115, 117, 118,
　　　121～124, 130, 131, 137～
　　　154, 156～173, 175～177,
　　　180～183, 185, 186, 192～
　　　194, 199～203, 205, 210,
　　　212～214, 220, 221, 223～
　　　230, 232～234, 239, 241,
　　　243～246, 248, 249, 251～
　　　259
ニュージーランド英語　235, 237
ヌクオロ語　　　　　　　　42
ヌブニ語　　　　6, 58～61, 63, 65
能格型　　　　　　　　　　7
能動的語彙　　　　　　　　200

〈は〉
バイオプログラム理論　　　　8
バイリンガル　　　204, 227, 228
配分的代名詞　　　　　　　81
ハカルテク語　　　　　　　124
パプア諸語　6, 7, 45, 59, 125, 131
発話行為　　　58, 59, 62, 64, 65
　――内行為　　　58, 59, 63～66
パラオ語　181, 222, 227, 228. 230,
　　　251, 258
パラオ日本語　220, 221, 227-230,
　　　232, 233, 239, 241, 245,
　　　246, 248, 249, 253～259
ハワイ語　43, 74, 75, 82, 83, 86, 90,
　　　137-140, 156, 157, 165,
　　　168, 169, 171, 172, 174,
　　　177, 178
ハワイ・ピジン　　　　　　137
ハワイ・クレオール　138, 144, 150,
　　　164, 165, 170, 171, 176, 177
ハワイ日本語　138-141, 144, 154,
　　　159, 172
範疇詞　　　　　　　　124～132
非オーストロネシア語　　　6, 45
非現実相　　　　　　　　　86
ピジン語　6～9, 100, 107, 117, 122
ビズラマ語　79, 81, 84, 87, 89, 98
広島・山口方言　151, 173, 174
フィリピン英語　　　　　　222
複数形標識　　　　　　　77, 98
フランス語　　　　　　　　6
分析的言語　　　　　　　　7
文脈的・逐語的意味　59, 62～65
米国英語　　　　　　　　　222
変異（バリエーション）　221, 236,

	245, 257
変種	8, 9, 59, 100, 177, 220, 221, 227, 245, 249, 251, 254, 257
包括複数	7
方言接触	235
ポズィティブ・ポライトネス	234, 254
ポリネシア諸語	15, 16, 42, 43
ポルトガル語	140, 159
母音	7, 48〜57
——交替	49
——融合	49, 50, 52〜54, 56
——調和	54〜58
母体言語枠組みモデル	210
ボマイ語	59
翻訳借用	158, 171

〈ま〉

マナム語	124
右枝分かれ構造	7

無生物主語構文	100〜102, 107〜109, 114〜117, 120〜123, 125, 128, 130, 131
名詞句階層	103, 105, 106, 110, 111, 117, 121, 123〜125, 130, 131
メラネシア語派	124
メラネシア・ピジン	76, 79, 80, 83
目標言語	183
モツ語	108, 109

〈や〉

ヤップ語	181, 251
ユリシ語	181

〈ら〉

レジスター	58〜66
連続動詞（動詞連続）	87, 95, 96
レンピ語	131
ロシア語	204

執筆者紹介 (執筆順, * 印は編者)

*Apoi Yarapea (アポイ・ヤラペア)

オーストラリア国立大学大学院博士課程修了 (博士)。元パプアニューギニア工科大学上級講師。

[主な業績] [博士論文] *Morphosyntax of Kewapi*. (Unpublished doctoral dissertation. ANU, 2006), [論文] On Interclausal References in Kewa. In: Pawley, Andrew; Ross, Malcolm; Tryon, Darrell, Editors. *The Boy from Bundaberg: Studies in Melanesian Linguistics in Honour of Tom Dutton.* (Canberra: Australian National University, Research School of Pacific and Asian Studies, Pacific Linguistics; 2001: 399-417. (Pacific Linguistics; v. 514). Note: [East Kewa]) [論文] Kewapi Verbal Morphology and Semantics. In: Clifton, John M., Editor. Papers from the Third International Conference on Papuan Linguistics Part 1. (Ukarumpa: Linguistic Society of Papua New Guinea and the Society on Pidgins and Creoles in Melanesia; 1993: 95-110. (*Language and Linguistics in Melanesia;* v. 24(1)). Note: [Kewa])

塩谷　亨 (しおのや　とおる)

1964 年生まれ。名古屋大学大学院博士後期課程中退 (文学修士)。現在, 室蘭工業大学ひと文化系領域教授。

[主な業績] [著書] 『ハワイ語文法の基礎』(大学書林), [分担執筆] 『日本語の隣人達』(白水社) 中川裕監修, pp.146-161「ハワイ語」, [分担執筆] 『事典世界の言葉 141』(大修館書店) 梶茂樹他編, pp.170-173「ハワイ語」, [論文] Hawaiian *he* as a pronominal / preverbal particle. *Language and Linguistics in Oceania.* Vol.1, 1-12. (2009), [論文] Syntactic properties of Samoan numerals. 『言語研究』第 97 号 18-43. (1990)

Philip Tama (フィリップ・タマ)

1970 年生まれ。パプアニューギニア大学大学院修士課程修了。現在, 豪ニューイングランド大学大学院博士課程在籍, ゴロカ大学講師。

[主な業績] [論文] Relatedness suffix in Alekano: Ethnographical notes on

Alekano (*Language & Linguistics in Oceania* Vol. 2 April 2010) pp. 69-82. ［論文］ "Learning from Papua New guinea Melanesian Cultures and from Critical Community-Based Literacy programs in Papua New Guinea", Proceedings in PNG Sustainable Development Program 5th Huon Seminar, Proceeding Session tertiary Education, Manpower Training and Development, September, 2006. ［編著］ *Co-editor to Academic Writing Distance Flexible Learning Study Module book*, 2010.

Lawrence K. Gerry（ローレンス・ゲーリー）

1976年生まれ。豪ディーキン大学大学院修士課程修了。現在, ゴロカ大学講師。

［主な業績］［論文］The need for a better education in indigenous languages: A case for Alekano (*Language & Linguistics in Melanesia* Vol. 29 December 2011) ［論文］Language dilemma in contemporary PNG classrooms: A case for schools in the Eastern Highlands and Simbu Provinces (*Language & Linguistics in Oceania* Vol. 2 April 2010) ［論文］'The Need for a Better Indigenous Education: A Case Study for Alekano' is recently published online in the Journal of *Language & Linguistics in Melanesia,* December 2011.

Craig Alan Volker（クレイグ・アラン・フォルカー）

1953年生まれ。ハワイ大学大学院博士課程修了（博士）。元岐阜聖徳学園大学外国語学部教授。

［主な業績］［論文］The Applicability of the Bioprogram to the Languages of Papua New Guinea. *Annals of Gifu Shotoku University,* No. 50, 2011. ［編集］General Editor, *The Oxford Papua New Guinea Dictionary of Tok Pisin.* (Melbourne: Oxford University Press. 2008) ［論文］The German language in Papua New Guinea. In *Language in Papua New Guinea,* (Toru Okamura (ed.), Tokyo: Hituzi Syobo Publishing. 2007), ［論文］How complex is the Tok Pisin lexicon? (Annals of Gifu Shotoku University, No. 40, 2003), ［著書］*The Nalik Language of New Ireland, Papua New Guinea.* (Berkeley Models of Grammars Series 4. New York: Peter Lang Publishing. 1998)

執筆者紹介

＊岡村　徹（おかむら　とおる）

1961 年生まれ。九州大学大学院博士課程修了（博士）。現在，帝塚山学院大学教授。
〔主な業績〕［著書］『はじめてのピジン語——パプアニューギニアのことば——』（三修社，2005），［著書］『オセアニアのことば・歴史』（溪水社，2006），［編著］*Language in Papua New Guinea*, Tokyo: Hituzi Syobo Publishing.（ひつじ書房，2007），［論文］「トク・ピシンの複数表示と名詞句階層」（『アジア英語研究』第 14 号，日本「アジア英語」学会，pp. 5-19, 2012），［論文］「ピジン語のポライトネスとホワイト・マン」（『オーストラリア研究』第 26 号，オーストラリア学会，pp. 25-37, 2013）

島田　めぐみ（しまだ　めぐみ）

1963 年生まれ。名古屋大学大学院教育発達科学研究科博士課程修了（博士）。現在，東京学芸大学教授。
〔主な業績〕［論文］「日本語聴解テストにおいて難易度に影響を与える要因」（『日本語教育』129，日本語教育学会，1-10，2006），［論文］「日本語新聞に見るハワイ日本語の特徴」（共著『東京学芸大学紀要総合教育科学系』59，東京学芸大学，513-524, 2008）［論文］「ハワイに残る日本語——「おご」を一例に——」（共著『東京学芸大学紀要人文社会科学系』63，東京学芸大学，81-88，2012），［論文］「ハワイ日系二世の言語切替えに関するケーススタディ」（『東アジア日本語教育・日本文化研究』15，東アジア日本語教育・日本文化研究学会，137-148，2012）

甲斐　ますみ（かい　ますみ）

大阪外国語大学大学院言語文化研究科博士課程修了（博士）。現在，グアム大学人文社会科学学部准教授。
〔主な業績〕［著書］『台湾における国語としての日本語習得―台湾人の言語習得と言語保持, そしてその他の植民地との比較から』（ひつじ書房，2013），［論文］Elderly Palauans' Japanese competence: Observations from their predicate forms,(*Language and linguistics in Oceania, 3,* 59-90. ），［論文］The Japanese language spoken by elderly Yap people: Oral proficiency and grammatical aspects,(*Language and linguistics in Oceania, 2,* 23-40. 2011），
［論文］Analysis of Japanese spoken by elderly Taiwanese: Word usages,

particle usages, and predicate forms, (*Questioning linguistics* pp. 242-257, 2008. Cambridge Scholars Publishing), ［論文］「台湾人老年層の言語生活と日本語意識」(『日本語教育』93, 3-13, 日本語教育学会 1997)

松本　和子（まつもと　かずこ）

英国エセックス大学大学院言語学博士号取得（Ph.D. in Linguistics）。現在, 東京大学大学院准教授。

［主な業績］［編集］Special Issue Editor. The Sociolinguistics of the Japanese Diaspora, Special Issue of *International Journal of the Sociology of Language.* (Co-edited with David Britain, 2015). ［論文］Palauan English: history, status and linguistic characteristics. In Daniel Schreier, Peter Trudgill, Edgar. W. Schneider and Jeffrey. P. Williams (eds.), *Further Lesser-Known Varieties of English*. (Studies in English Language). Cambridge University Press: Cambridge. (Co-authored with David Britain, 2015). ［論文］The role of social networks in the post-colonial multilingual island of Palau: Mechanisms of language maintenance and shift. *Multilingua* 29(2): 133-165. 2010. ［論文］Language choice and cultural hegemony in the Western Pacific: Linguistic symbols of domination and resistance in the Republic of Palau. In Mirjana Dedaic and Dan N. Nelson (eds.), *At War with Words* (Language, Power and Social Process 6). Mouton de Gruyter: Berlin & New York. (Chapter 10: pp. 315-357) (Co-authored with David Britain, 2003). ［論文］Investigating the sociolinguistic gender paradox in a multilingual community: A case study from the Republic of Palau. *International Journal of Bilingualism* 7(2): 127-152. (Co-authored with David Britain, 2003).

訳者紹介

永次　健人（ながつぐ　けんと）

1984年生まれ。現在，九州大学人文科学府博士課程在籍。
［論文］Case in Sentence Fragments『九州大学言語学論集第31号』pp. 53-88，2010. 九州大学大学院人文科学研究院言語学研究室

菅沼　健太郎（すがぬま　けんたろう）

1987年生まれ。現在，九州大学人文科学府博士課程在籍。
［論文］「トルコ語オノマトペにおける舌頂子音の配列に関する制約」『音韻研究』第15号，pp.59-66，2012.

土屋　智行（つちや　ともゆき）

1983年生まれ。京都大学大学院人間・環境学研究科博士後期課程修了。現在，国立国語研究所非常勤研究員。
［論文］「言語の創造性の基盤としての定型表現——慣用句およびことわざの拡張用法の調査——」，『認知科学』第18巻2号，pp. 370-374，2011. 日本認知科学会

オセアニアの言語的世界

平成 25 年 9 月 1 日　発　行

編　者　岡村　徹
　　　　Apoi Yarapea
発行所　株式会社　溪水社
　　　　広島市中区小町 1 - 4（〒 730-0041）
　　　　電　話（082）246 - 7909
　　　　Ｆ Ａ Ｘ（082）246 - 7876
　　　　E-mail: info@keisui.co.jp
製版・印刷・製本　モリモト印刷株式会社

ISBN978-4-86327-228-6　C3087